자본주의 리얼리즘
2판

CAPITALIST REALISM
Is There No Alternative?
2nd Edition

by Mark Fisher

자본주의 리얼리즘

대안은 없는가

마크 피셔 지음 박진철 옮김

리시올

차례

내 아내 조이, 부모님 봅과 린다,
그리고 웹사이트 독자들에게 바칩니다.

일러두기

1 이 책은 2018년에 출간된 『자본주의 리얼리즘: 대안은
   없는가』의 2판입니다. 2022년 출간된 원서 2판에는
   마크 피셔의 부인인 조이 피셔의 「서문」, 동료이자
   비평가인 알렉스 니븐의 「서론」, 소설가로 피셔와 함께
   제로 북스와 리피터 북스를 설립한 타리크 고더드의
   「후기」가 수록되었고, 한국어 2판에도 이 글들을
   번역해 실었습니다. 그 외에 본문 번역과 디자인을 소폭
   손질했습니다.

2 본문의 각주는 모두 옮긴이 주입니다.

3 본문에서 옮긴이가 첨가한 내용은 대괄호로 묶어
   표시했습니다. 인용문에서 마크 피셔가 첨가한 내용은
   '—피셔'로 표시해 옮긴이 첨언과 구분해 주었습니다.

4 원서에서 이탤릭체로 강조한 표현은 고딕체로
   표시했습니다.

5 단행본에는 겹낫표를, 논문, 영화, 앨범, 텔레비전
   프로그램 등에는 낫표를 사용했습니다.

조이 피셔

마크가 『자본주의 리얼리즘』 초고를 마무리하던 몇 달을
생생하게 기억한다. 우리가 런던을 떠나 서픽에서 살던
때였다. 서픽은 마크에게 각별한 지역이었다. 어린 시절
휴가를 보낸 행복한 추억이 가득한 곳이었기 때문이다.
이사 온 뒤 생활의 여유를 누리게 된 덕분에 마크는 방해
받지 않고 충분한 시간을 들여 책을 완성할 수 있었다. 한
번은 이곳에서는 구상이 잘 풀린다면서 이 기획을 마무리
할 생각에 신이 난다고 했다. "500권만 팔리면 정말 기쁠
것 같아." 어느 날 우드브리지를 산책하던 중에 그는 이렇
게 말했다.

　당시에 마크는 또한 강의 자리를 구하고 프리랜서로
글을 쓰느라(그는 『와이어』의 임시 객원 편집자로 잠시
일하기도 했다) 바빴지만, 독자들과의 주요 소통 창구는
여전히 블로그였다. 확실히 그 몇 년은 마크가 정규직 교
수 자리를 얻기 위해 고군분투하던 험난한 시절이었지만,
우리에게는 행복하고 낙관적인 시기이기도 했다. 마크는
런던에서의 바빴던 나날과 자신에게 요구되는 일이 줄어

든 덕분에「사라지는 땅에서」On Vanishing Land[1] 같은 다른 프로젝트에 집중할 수 있게 된 서펙에서의 시간을 대조하기를 즐겼다. 내가 아들 조지를 임신했음을 알기 며칠 전에 있었던 『자본주의 리얼리즘』 출간 기념회 때는 모든 일이 잘 풀리는 것 같았고, 그날 저녁 마크가 자신에게 활력과 영감을 주는 사람들에게 둘러싸여 최고의 시간을 보냈던 것도 기억난다.

『자본주의 리얼리즘』의 성공은 마크에게 진정으로 뜻밖의 사건이었다. 그다음 몇 해 동안 마크는 골드스미스에서 강의하는 '꿈을 실현'할 수 있었고, 그러면서도 글쓰기에 전념하고 다양한 초청 강의 및 강연을 다닐 수 있었다. 2010년에 우리의 아들 조지가 태어난 뒤에도 그는 진정한 마크 스타일로, 계속해서 모든 사람을 만족시키고자 애썼다. 강연이나 기고 청탁을 일로 느낀 적이 없었던 그는 그런 제안들을 거절하고 싶어 하지 않았다. 강연이나 발언 자리에서 마크는 물 만난 고기처럼 보였고, 자신과 소통하는 청중만큼이나 설렘과 성취감을 느끼는 것 같았다. 더는 우울증을 되돌아볼 필요가 없다고 내게 말한 것도 중요했다. 무가치하다는 느낌이나 회의감이 마법처럼 사라지는 일은 결코 없으리라는 것을 알았지만, 나는 그런 것들이 이제 전면을 차지하고 있지 않다는 사실에 안

---

1 〔옮긴이〕 2013년 피셔와 저스틴 바턴이 함께 작업한 오디오 에세이.

도 했고 또 그것들이 다시 마크를 덮치지 않기를 바랐다. 마크는 자신의 힘겨운 싸움에 언제나 솔직하고 개방적인 태도를 보였다. 이에 고무된 사람들은 자신의 정신 건강 경험을 마크와 공유할 수 있다고 느꼈고 그런 반응이 종 종 마크에게 감동을 안겨 주었다. 그리고『자본주의 리얼 리즘』출간은 사람들이 자신의 이야기를 털어놓는 촉매 제가 되었다.

그 나날 이후 마크를 잃은 슬픔과 고통은 결코 줄어들 지 않았지만 조지와 나는 그의 상실을 중심으로 새로운 삶을 구축하는 법을 배워야 했다. 그리고 이것은 앞으로 도 우리가 해야 할 가장 힘겨운 일일 것이다. 마크는 조지 의 준거점으로 남아 있으며 또 우리 가족에게 무슨 일이 일어나거나 무언가를 결정해야 할 때마다 여전히 낯선 현 존을 드러낸다. 조지는 아빠를 생각하기 시작하고 있다. 마크가 죽었을 때인 여섯 살배기의 눈길이 아니라 청소년 의 눈길로 말이다. 조지는 최근 생겨난 자의식을 탐사하 고 있는데, 나는 조지가 변해 가는 과정에서 마크가 큰 영 향을 주고 있음을 안다. 조지는 영락없이 마크의 아들이 다. 조지의 버릇이나 표정, 지적 호기심, 집중력, 논쟁 상황 에서 끝까지 한마디 하는 고집, 마블과 축구와 펠릭스토 생활에 대한 사랑까지. 지난 몇 년을 지나며 조지는 마크 가 더 넓은 세상―그가 친구, 동료, 지지자와 맺은 관계― 에서 어떤 사람이었는지에 대해 더 많이 알아 가고 있다. 조지는 유튜브에서 마크의 강의를 시청할 것이고, 온라인에서 그의 글을 찾아볼 것이며, 다른 사람들이 마크를 어떻게 생각했는지 알게 될 것이다.

지하철이나 공항에서 제 아빠가 쓴 책을 읽는 낯선 사람을 보는 일이 조지에게 어떤 영향을 미칠지 아직은 잘 모르겠다. 그래도 조지가 그런 경험을 통해 아빠가 많은 사람에게 중요한 누군가였다는 앎과 자긍심을 채워 가고 있다는 것은 분명히 느낀다. 조지와 나는 마크를 잃은 사람이 우리만이 아님을, 채울 수 없는 공백을 안고 남겨진 사람이 우리만이 아님을 알고 있다.

나는 『자본주의 리얼리즘』이 500부만 팔려도 성공처럼 느껴질 것이라며 마크가 기대를 내비치던 우드브리지에서의 대화를 떠올린다. 그리고 그가 그토록 많은 것을 성취했고 또 그토록 많은 사람에게 가닿았다는 사실에 경외심을 느낀다. 그의 생각들이 여전히 논의되고 있으며 유의미하다고 해서 마크를 돌려받을 수 있는 것은 아니지만 꼭 그럴 필요는 없다. 그는 언제나 우리 삶의 일부일 테니까.

알렉스 니븐

"친애하는 마크에게." 2010년 1월, 한 번도 만나 본 적 없는 이에게 보낸 이메일을 나는 이런 문장으로 시작했다.

> 지난주에 당신의 책 『자본주의 리얼리즘』을 읽었습니다. 오랜 시간 수면 아래 가라앉아 있다가 공기 중으로 나온 것 같은 기분이었습니다. 언급해야 할 거의 모든 문제를 그처럼 설득력 있게 표현해 주고, 설망 직전이있던 제게 희망의 근거를 마련해 준 것에 진심으로 감사를 표하고 싶습니다.

10년이 넘게 지난 지금 이 구절을 다시 읽으니 표현 방식이 약간 쑥스럽지만 그 감정만큼은 지금도 그대로다. 당시 나는 잇따라 가족을 잃고 장기간의 위기를 겪으며 20대 초를 보낸 뒤 음악 산업과 정면으로 충돌한 상태였다. 지금 생각해 보면 그때 나는 20대 중반의 수렁에 빠져 우울증을 앓았다. 또 21세기의 노동이나 사회적, 사적 삶이 기초적인 층위에서조차 그토록 고단하고 무력감을 안기며 실존적으로 무의미하게 느껴지는 연유를 찾고 있었던 것 같다.

내게―그리고 그때나 이후에나 유사한 처지에 있던 수많은 다른 사람에게―『자본주의 리얼리즘』과의 만남은 정말이지 (마크의 정전 가운데 하나로 마거릿 애트우드의 잊을 수 없는 1972년 소설 제목이자 중심 주제를 인용하자면) 떠오름surfacing의 경험처럼 느껴졌다. 우리의 정서적 안녕은 우리 자신의 개인적 심리극과 더불어 시작되고 끝난다고 생각하도록 모든 것이 설정된 사회에서, 어쩌면 마크 책의 가장 단순하면서 가장 중요한 성취는 정신적 고통이 사회 전반의 구조적인 결함과 관련이 있을지도 모른다고 시사한 것이었다. 달리 말하면 우리 모두가 궁극적으로 혼자라는 생각을 끝없이 조장하는 정치 체계가 지배하는 상황에서 『자본주의 리얼리즘』은 우리 모두가 함께 고통받고 있다고 단언했다. 그러면서 한층 희망적으로 이 책은 우리가 이를 깨닫고 여러 고난을 어떻게든 결합한다면 2000년대 후반에는 거의 망각된 것처럼 보였던 것, 즉 조직적인 저항을 위한 첫걸음을 내딛게 될 것이라고 선언했다.

다른 무엇보다 바로 이것이 격동의 새 10년 전야였던 2009년 마지막 주에 출간된 『자본주의 리얼리즘』의 짧고 날카로우며 폭발적인 텍스트가 전달한 힘찬, 거의 영적인 메시지였다. 이 책이 함축하고 있는 정치적이고 이론적인 뉘앙스가 무엇이든, 가장 기본적인 층위에서 이 책은 서로 손을 맞잡을 것을 요청하고 있었다.

소심한 데다 평소에는 이런 종류의 일을 벌이지 않는 성격인 내가 2010년 초에 지은이에게 짧게나마 감사 메일을 보낼 용기를 낸 것도 어느 정도는 이 때문이었다. 다음 날엔 짧고 고무적인 답장도 받았다(마크는 후배 작가를 돕는 데 시간과 지원을 아끼지 않는 것으로 유명했는데, 때로는 그에게 과도한 부담을 지우며 생활을 방해할 정도였다). 『자본주의 리얼리즘』이 2010년대의, 그리고 사실상 21세기 전체의 기념비적인 정치 텍스트 중 하나가 될 수 있었던 것도 바로 이런 요청 때문이었다. 장르 불문 대부분의 글과 달리 이 책은 유아론, 아이러니, 자아에 매달리지 않았다. 그 대신 이대로는 안 된다는 단순한 믿음으로 뭉친 사람들의 공동체를 상상했으며, 이 상상된 공동체가 머지 않아 세상을 변화시킬 사회 현실이 될지도 모른다는 감질나는 가능성에 기대를 걸었다. 『자본주의 리얼리즘』에서 가장 인상적인 장의 제목이 거의 아이 같은 명료함과 희망참으로 요구하듯이 말이다. "여러분이 시위를 조직하고 모두가 참여했다. 무슨 일이 벌어질까?"

하지만 이런 서정적 보편주의에도 불구하고 『자본주의 리얼리즘』은 특정한, 심지어는 진부하기까지 한 지역적 환경의 산물이기도 했다. 이런 환경은 이 독특한 에세이가 현대의 주요 텍스트 중 하나가 되고 몇 년 지나지 않아 대부분 망각되거나 간과되었다.

그중 첫째는 이 책이 출간되기까지의 특이한 개인적

여정과 연관이 있다. 다소 놀랍게도 『자본주의 리얼리즘』은 마크 피셔의 첫 단독 저서지만, 저자에게는 20년에 걸친 비순응적인 지적 탐구의 결산서였다. 사실 이 책이 출간되었을 때 마크의 나이가 첫 책을 내는 저자치곤 제법 많은 마흔하나였음을 감안하면 아마도 이 책은 유난히 오래 끈 수련 기간 끝에 찾은 돌파구로 간주되어야 할 것이다. 그렇지만 미숙한 교양 소설은 결코 아니었다. 첫 저서를 내기 몇 년 전부터 마크는 글쓰기와 학문, 사유에 있어 널리 수용되던 20세기 후반의 전형적인 틀과는 다른 대안이 가능함을 입증하기 위해 부단히 노력해 왔다. 『자본주의 리얼리즘』은 그가 옳았음을 입증하는 최종 증거일 뿐이었다.

잉글랜드 이스트 미들랜즈의 노동 계급 가정에서 성장한 마크는 1980년대 후반과 1990년대 초반(결정적으로 이 시기는 영국 국가 체계의 근본적인 시장화를 촉발한 1998년의 등록금 도입 이전이었다)의 형성기에 영국 고등 교육의 비옥한 지적 풍토로부터 많은 도움을 받았다. 1990년대 대부분을 워릭 대학교의 대학원생으로 보낸 그는 후기 자본주의 디스토피아의 저편에서 새로운 문화 양식을 상상한 '가속주의' 성향의 사이버네틱 문화 연구회 Cybernetic Culture Research Unit, CCRU의 핵심 구성원 중 한 명이었다. 이 글은 CCRU와 그곳의 오컬트적인 하위 문화를 상세히 설명할 자리가 아니지만, 상궤를 벗어난 이 소수 집단에서 받은 훈련이 마크가 1999년 워릭 대학교에서

'사이버네틱 이론-허구'를 주제로 박사 학위를 받은 후 몇 년 동안 전통적인 진로를 따르지 않은 계기가 되었다고 말할 수는 있을 것이다.

변화가 심했던 21세기 학계 분위기는 마크에게 도움이 되기도 (마찬가지로 방해가 되기도) 했다. 사이버네틱 분야에서 충분히 단련한 덕분에 마크는 아직 초창기였던 21세기 초중반의 인터넷에서 진정 빼놓을 수 없는 최초의 인물 중 한 명이 될 수 있었다. 안정된 학계 일자리에 따르는 제약에서 자유로웠던 그는 사이먼 레이놀즈가 "블로그 성좌"라 묘사한 무대의 중심을 차지하며 나중에 '프리캐러티'라 불리게 될 상황을 유리하게 이용했다. 대강 이라크 전쟁부터 글로벌 금융 위기에 이르는 5년 동안 이론적이고 대중 문화적이었던 이 토론장은 세계 각지에서 흥미진진한 최상의 글 일부가 쏟아져 나온 본거지였다. 이른바 블로고스피어의 이 구역에 속한 사이트들―운영자들의 기이한 아바타들로 키노 피스트, 더 임포스튬, 블리스블로그, 싯 다운 맨, 유 아 어 블러디 트래저디 같은 이름으로 알려진―을 2006년쯤에 우연히 발견한 사람은 우호적인 태도로 이어진 논쟁들을 접할 수 있었을 것이다. 게시물 자체에서 시작해 댓글 창에서 뒤얽히며 끝없이 정교해진 논쟁들을 말이다. 이들의 논쟁은 M. R. 제임스의 유령 이야기들이 남긴 유산, 데리다 이론의 남용, 전후 공영방송의 유산, 우 탱 클랜, 「브이 포 벤데타」, 주류 미디어의 요령부득, 악틱 몽키즈 노래 가사의 상상력 결핍 등을 아울렸다(물론 이에 국한되지는 않았다).

마크의 독창적인 k-펑크 블로그는 격식에서 자유로운 이 집단의 중심에 있었고 그 사상적 활기의 상당 부분을 공급했다. 더 넓은 장인 초기 버전의 소셜 미디어에서도 허브 역할을 한 k-펑크는 또한 마크가 포괄적인 철학적 작업—분명 현대사에서 가장 볼품 없고 가장 산만한 막간이었던 고도 2000년대의 답답한 분위기에서 탈출할 통로를 찾기 위해 주로 문화적인 사례들을 이용했던—을 발전시킨 공간이었다.

2008년에 글로벌 금융 위기가 닥쳐와 이 짧은 기간의 안일함을 박살 냈을 때 제로 북스가 설립되었다. 이는 '혁명의 순간'이라는 판단에 따른 번개 같은 반응이자 블로고스피어에서 다년간 이어진 창조적인 브레인스토밍의 정점이었다. 마크와 두 명의 (CCRU 출신이 아닌) 워릭 대학교 친구—소설가 타리크 고더드와 학자 마테오 만다리니(여기에 에마 고더드가 홍보 담당자로 합류하며 진용이 완성되었다)—가 설립한 제로 북스는 이전까지 주변적이었던 이런 경향—아마도 그 무렵 영국에서 유일하게 믿을 만한 문학적 아방가르드였을—이 독해와 비평의 주류에 본격적으로 침투하기 시작한 지점을 표시했다.『자본주의 리얼리즘』은 제로 북스의 첫 책은 아니었지만(건축에 관한 논쟁서인 오언 해설리의『전투적 모더니즘』과 마크가 직접 편집한 선집인『마이클 잭슨의 저항할 수 있는 소멸』같은 텍스트가 2009년에 그보다 앞서 출간되었다) 분명 새로운 유형의 출판사가 출현했음을 알리는 선언문 역할을 했다.『자본주의 리얼리즘』은 제로 북스의 모든 책 말미에 싣기 위해 마크가 쓴 실제 선언문—"크레틴병에 걸린 반지성주의"와 "값비싼 교육의 수혜를 입은 인력들"에 반격을 가하고 "출판이 공중을 지성인으로 만드는 것이라는 이념"을 요청하는—을 책 한 권 분량으로 확장한 것이나 다름없었다.

시간이 흐르면서『자본주의 리얼리즘』은 영어판으로만 10만 부 넘게 팔렸고, 제로 북스 버전의「미지의 쾌락」Unknown Pleasures 비슷한 무엇이 되었다. 실제로 깊은 의미에서 제로 북스는 인디 포스트펑크 레이블이었던 팩토리 레코드의 사례를 반복한 일종의 현대판 시도였다고 할 수 있으며, 특히 비극적인 면에서 이 레이블과 운명을 공유했다. 가령 조이 디비전의 기념비적인 모더니즘 누아르 뒤에 1970년대라는 배경이 있었다면, 제로 북스 뒤에는 21세기 출판의 평범하고 특색 없는 풍경이 자리해 있었다.「미지의 쾌락」과 팩토리 레코드의 사례와 마찬가지로, 궁극적으로『자본주의 리얼리즘』과 제로 북스는 지속적이고 격렬하게 시장 구조 자체를 바꾸려 하는 반자본주의자들의 시도가 객관적으로 얼마나 흥미로우며 주관적으로 얼마나 고통스러운가를 분명하게 보여 주는 영화 같은 모험담을 탄생시킬 터였다. 그렇지만 이는 다른 곳에서 다룰 이야기다.

『자본주의 리얼리즘』이 출간되기까지의 서사, 즉 20

세기 후반에 대항 문화가 보유했던 최상의 측면들을 되살리고자 전념한 이단파가 인터넷의 가상 에너지들을 구체화한 이야기는 이쯤 해도 될 것이다. 그렇다면 이 책이 맞서 싸우며 교정과 비판의 대상으로 삼은 더 넓은 역사적 배경은 무엇이었나?

앞서 살펴본 것처럼 『자본주의 리얼리즘』은 어떤 면에서는 2000년대 영국이라는 특정한 환경의 산물이었다. 권위주의가 슬며시 고개를 들고 생태 재앙이 눈앞에 닥친 우리 시대의 시점에서 돌이켜 보면 사회가 상대적으로 안정적이었고 생활 수준이 비교적 높았던 이 시기에 우호적인 눈길을 보내고 싶은 유혹을 느끼게 될지도 모른다. 하지만 마크와 제로 북스 서클의 많은 구성원에게 이 시기는 특수한 종류의 디스토피아였음을 분명히 할 필요가 있다. 제3의 길 자유주의(이에 대해서는 잠시 후에 더 다룰 것이다) 아래서 심화하던 불평등을 두고 벌어진 한층 복잡한 논쟁은 차치하더라도, 마크가 『자본주의 리얼리즘』에서 상대한 절망감 대부분은 이 역사적 시기 특유의 느낌, 즉 서서히 악화하는 상황에 맞설 가시적인 저항이—어디에서도, 어떤 방식으로도—벌어지지 않고 있다는 느낌에서 비롯했음을 이해하는 것이 중요하다.

2000년대 초반(나오미 클라인의 반세계화 저서 『노 로고』가 전성기를 구가했던)에 반자본주의 시위가 폭발했지만 2000년대 중반과 후반에는 세계 곳곳에서 이 불길이 급격하게 사그라들었다. 어느 시점부터는 우울한 무관심이 무엇보다 지배적인 정조가 되었다. 『자본주의 리얼리즘』의 핵심 후렴구를 인용해 말하자면, 글로벌화된 자본주의에 대한 대안은 없다는 감각은 적어도 동유럽 현실 사회주의의 종언이 신자유주의의 제국 국면이 시작되었음을 알린 1990년대 초반부터 만연해 있었다. 하지만 겉보기에 현실주의적인─실제로는 운명론적이었던─이 세계 정신이 진정으로 헤게모니를 확보한 것은 글로벌 금융 위기 직전의 몇 년간이었다.

전 세계 선진국을 대략 대표한다고 할 수 있는 영국의 맥락에서는 신노동당 정부가 주도한 정치적 실책들이 절망적인 불안정의 느낌을 부채질했다. 낙관론 물결(심지어 많은 급진주의자도 공유한)을 타고 1997년 집권한 이 중도 혹은 중도 좌파 행정부는 첫 집권 기간(1997~2001)에 신보수주의(이민과 복지 수낭 청구자들에 대한 강경 발언, 공공 시설의 지속적인 민영화, 대기업에 대한 아첨 섞인 지원)와 진정으로 급진적인 개혁─특히 외교 정책(스코틀랜드와 웨일스의 분리 독립을 둘러싼 1997년의 국민 투표, 북아일랜드 평화를 위한 1998년의 성금요일 협정Good Friday Agreement 같은)을 중심으로 한─사이에서 이해 득실을 계산했다. 하지만 이라크 전쟁의 개시와 함께 블레어 정부의 외교 방침이 우파 쪽으로 급격히 돌아선 2003년 무렵 신노동당은 고전적인 레이건-대처주의 틀에 갇힌 훨씬 전형적인 신자유주의 정당이 되어 있었다.

국민 건강 서비스를 민영화하는 개혁이 빠르게 이어

지고 1998년에 처음 도입한 대학 등록금을 블레어 체제가 인상(하고 그보다도 더 올리겠다고 위협)함에 따라 영국 문화가 쇠퇴 및 몰락 중이라는 감각이—특히 청년들 사이에서—강하게 자리 잡았다. 주택 시장 거품과 나이 든 전문직 종사자 다수에게 적절한 생활 수준을 보장해 준(다시 살펴볼 것처럼 점점 더 포위망에 갇힌 공공 부문 종사자들은 그렇지 않았지만) 겉보기에 탄탄한 경제가 이런 감각을 흐리고 상쇄하기는 했지만 말이다. 대중 매체는 카이저 치프스, 레이저라이트, 주톤스 같은 극히 모방적이면서도 기이하게 과대 포장된 기타 밴드의 범람, 그리고 「빅 브러더」, 「나는 셀러브리티다, 여기서 날 꺼내 줘」 같은 착취적인 TV 쇼(『히트』, 『너츠』, 『주』처럼 황혼기에 접어든 쓰레기 같은 인쇄 잡지들은 더 최악이었고)가 전형인 부패한 셀러브리티 문화를 통해 이런 시대 정신을 표출했다. 인류 역사상 가장 거대했던 시위(이라크 전쟁에 반대하는 2003년 2월의 시위)가 블레어와 그 일파에 의해 철저하게 묵살당한 이후의 몇 년 동안은 위안은 고사하고 약간의 마찰이라도 일으킬 수 있는 대항 문화나 집단적인 반대의 목소리가 전무했다. 마치 후기 자본주의의 끝없이 반복되는 값싼 번지르르함에 갇혀 있는 것만 같았다.

바로 이런 숨 막히는 역사적 순간에 『자본주의 리얼리즘』이 2009년 크리스마스를 앞두고 폭탄처럼 떨어졌다. 비틀거리던 정치 체계가 1년여간 미봉책(금융 위기 이후 은행 시스템에 대한 긴급 구제, 신자유주의 성향인 버락 오바마의 미국 대통령 당선, 하원 의원의 막대한 경비 청구를 둘러싼 장기간의 스캔들 이후 영국 정치를 '정화'하려 한 미온적인 시도, 그리고 지겹도록 이어진 기타 등등)을 헛되이 내놓으며 갈피를 못 잡고 있을 때였다.

25,000자가 채 되지 않는 마크의 책은 포괄적인 이론 작업이나 광범한 정치적 조사가 결코 아니었다(절반 정도 분량인 마르크스와 엥겔스의 간결한 선언문보다는 길었지만). 그럼에도『자본주의 리얼리즘』에는 넓은 의미에서 같은 문학적 범주에 속한 책들, 특히 당시에 마크에게 직접적인 영향을 미친 프레드릭 제임슨과 슬라보예 지젝의 책과 구별되는 몇 가지 근본적인 기조가 있었고, 궁극적으로는 이것이 동료들의 한층 논증적인 저작을 넘어서는 매력의 원천이었다. 앞서 내가『자본주의 리얼리즘』을 발견했던 경험을 말하며 시사했듯, 공동체주의적 무장을 요청하는 마크의 텍스트에는 기본적으로 정의로움과 시의적절함이라는 인상이 있었고, 이는 이 책의 한층 구체적인 사례들을 어느 정도 뛰어넘어 감정적 계시의 역할을 했다. 그렇지만 다른 의미에서 저 실세계의 사례들은 마크가 책에서 전달하고자 했던 핵심 메시지의 근간을 이루었고, 이 책이 도래할 공동체에 관한 추상적인 이론적 산문시가 아님을 분명히 하는 데 도움이 되었다.

핵심에 있어 이 책의 기본적인 내용은 오래된 것과 새로운 것의 관계, 차단된 세대 간 전승, 교육의 중심적 역할 및 교사와 학생 모두를 고통에 빠뜨리는 교육의 직업적 구조, 나아가 사회 전반의 시민적, 지적 생활 등 서로 연결된 주제들을 중심으로 전개된다. '밀레니얼 세대'와 '베이비 붐 세대'에 관한 논의에 많은 관심이 쏠리기 몇 해 전에 마크는 알폰소 쿠아론의 2006년 영화 「칠드런 오브 맨」의 플롯에서 21세기 들어 엄청나게 벌어진 세대 간극의 적절한 은유를 발견했는데, 이 영화에 대한 요약이 『자본주의 리얼리즘』의 첫 장을 열며 으스스하게 시선을 사로잡는다. 쿠아론이 그리는 디스토피아적인 근미래 영국(소설가이자 보수당 귀족이 된 필리스 도러시 제임스가 원작에서 제시한 설정)에서는 불가사의하게도 사회 전체가 아이를 가지는 능력을 잃어버렸다. 마크는 이 서사를 비유적으로, 즉 후기 자본주의를 지배하는 정체 상태 및 체념 분위기를 심문하기 위한 바탕으로 읽자고 제안한다. 지젝과 제임슨에게서 빌려 온 함축적인 문구—자본주의의 종말을 상상하는 것보다 세계의 종말을 상상하는 것이 더 쉽다(쿠아론 영화의 묵시록적 배경에서 구현된)—에서 한 발짝 물러서면, 우리는 더욱 날카로운 한 쌍의 도발적인 물음을 마주하게 된다. "새로운 것이 없다면 하나의 문화가 얼마나 오래 지속될 수 있을까?" 그리고 "청년들이 더 이상 놀라움을 만들어 낼 수 없다면 무슨 일이 일어날까?"

다시 말하지만 문화적 침체에 대한 이런 강조가 부분적으로는 2000년대 후반의 특정 분위기에 대한 반응이었음을 잊지 말아야 한다(장기 2010년대를 괴롭힌 일련의 사회-정치적 충격을 겪은 후 요즘에는 '놀라움'이 없는 사회를 운위할 가능성이 훨씬 작다). 하지만 창조성의 고갈이라는 기본 진단은 우리의 더 넓은 역사적 시대를 대체로 정확히 짚고 있었다. 대략적으로 이 이론은 (실제로 마크가 인정했듯이) '포스트모더니즘'에 대한 제임슨의 이전 비판을 연장한 것이자 '레트로 마니아'(1980년대 후반 이후 팝 문화가 자신의 과거로 곤두박질치는 퇴행을 겪었다는 생각)에 관한 논의를 예고한 것이었다. 레트로 마니아 연구는 사이먼 레이놀즈가 2011년 출간한 동명의 연구서와 마크 자신이 기존 글을 묶어 2014년에 펴낸『내 삶의 유령들』(이 책은 두 저자가 핵심 구성원으로 활동한 2000년대 블로그 신에서 발전하고 정교화된 밈의 산물이었다)로 정점에 이르렀다.

하지만『자본주의 리얼리즘』에 한층 견고한 토대를 마련해 준 것은 불안정한 학계에 대한 마크의 경험에서 나온 일련의 삽화였다. 후기 자본주의의 공공 부문 노동 생활에 대한 초기의 비평 중 하나로 널리 읽힌 이 책에서 마크가 제시한 '시장 스탈린주의'라는 기발한 신조어는 당시 전 세계의 수많은 음침한 사무실과 회의실에서 실제로 일어나는 일을 요약하고 있었다. 마크는 이렇게 주장했다.

〔전형적인 공공 부문 일터에서―니븐〕이제 노동자들의 성과나 실적은 직접 평가되지 않는다. 오히려 감사audit를 통해 가시화되는 성과와 실적의 표상이 평가된다. 불

가피하게 어떤 단락短絡이 일어나고, 노동은 그 자체의 공식적인 목표보다는 표상을 생산하고 조작하는 쪽으로 방향을 맞추게 된다. 실제로 영국의 지방 정부에 대한 어느 인류학적 연구는 "지방 정부의 서비스들을 진정으로 향상시키기 위한 노력보다 그 서비스들을 정확하게 표상하는 데 더 많은 노력이 투입되고 있다"고 주장한다. 우선 순위의 이러한 전도는 과장법을 사용하지 않아도 '시장 스탈린주의'로 특징지을 수 있는 체계의 징표 중 하나다. 후기 자본주의는 이처럼 실제적인 성취보다 성취의 상징들에 더 많은 가치를 부여한다는 점에서 스탈린주의를 반복한다.

스탈린을 규탄한 흐루시초프의 1956년 '비밀 연설'을 이어 언급한 데서 드러나듯, 자본주의적 '대타자'에 대한 이 대담한 명명은 『자본주의 리얼리즘』의 폭넓은 전략 중 하나였다. 이 전략은 부제('시장 스탈린주의와 관료주의적 반생산')에서 분명하게 드러난다. 그 전략이란 후기 자본주의와 그것이 대체했다고 주장하는 체계, 즉 전후 공산주의 동구권에 속한 현실 사회주의 사이의 광범한 비교를 간명하고 훌륭하게 전경화하는 것이었다. 그런데 20세기 후반의 동유럽이 문화적 빈곤의 장소라는 서구의 전형화에 대한 또 다른 전용détournement 속에서 창조적 에너지를 결여한 시민적 풍경의 초상은 훨씬 폭넓은 논점의 일부가 된다. 그 논점이란 영국이나 미국 같은 신자유주의 사회가 자본주의 (저)발전의 이 단계까지 성장하지 않았다는 것이다.

앞선 세대의 학자와 지식인이 정신적으로 정체된 채 새로운 존재 및 행동 방식을 상상하지 못했다면, 마크가 시사했듯 다른 한편으로 결정적인 형성기에 있는 청년들은 시장 스탈린주의적 관료주의와 마주하며 생긴 카프카적인 무력감과 절망감에 빠져들고 있었다. 연장 교육 학교에서 가르친 경험을 바탕으로 마크는 청소년 문제에 대해 또 다른 획기적인 진단을 제시했다. 자신이 "우울증적 무쾌락"이라 칭한 이 문제를 그는 다음과 같이 정의했다.

이 상태는 쾌락을 얻지 못하는 무능이 아니라 쾌락을 추구하는 것 말고는 다른 무엇도 할 수 없는 무능으로 이루어져 있다. 학생들은 무언가가 빠져 있다고 느끼지만 오직 쾌락 원칙 너머에서만 이 누락된 불가사의한 향유에 접근할 수 있음을 감지하지는 못한다. 대개의 경우에 이는 학생들이 처한 모호한 구조적 위치의 결과로, 이들은 훈육 제도의 주체라는 옛 역할과 서비스 소비자라는 새로운 지위 사이에서 이러지도 저러지도 못하고 있다. 〔…〕 학생들은 몇 주간 계속 수업에 참석하지 않아도 혹은 과제를 전혀 내지 않아도 특별한 제재를 받지 않으리라는 사실을 알고 있다. 이들은 계획을 세우고 추진하는 것이 아니라 쾌락적 (혹은 무쾌락적) 나른함에 빠져드는 식으로, 가령 기분 좋게 약에 취하거나 플레이스테이션 게임, 밤샘 텔레비전 시청, 마리화나 등이 제공하는 안락한 미몽에 빠져드는 식으로 이러한 자유에 반응한다.

스마트폰이 헤게모니를 장악하기 몇 년 앞서 이루어진 이 분석은 포스트모던 자본주의 사회가 겉보기에 자유주의적임에도 불구하고, 혹은 바로 그렇기 때문에 21세기 청년 문화가 서서히 시들었음을 정확히 짚어 냈다. 개인의 자유와 자기 실현에 대한 억압(20세기 말의 몰락한 공산주의 체제에서 분명하게 구현된 것처럼 보인)이 궁극의 악으로 여겨진 역사적 시기에 청년들이 성취감과 활력을 잃은 까닭은 무엇일까?

마크는 '허위 의식'에 관한 상투적이며 이젠 심각하게 낡은 교조적 마르크스주의의 이야기를 넘어 경험에 바탕해 간명하고 매우 설득력 있는 설명을 제시했다. 『자본주의 리얼리즘』은 세계화의 황금기에 표출된 긍정적 분위기와 표면적인 행복감—2000년대 후반까지 이어지고 있던—아래에서 어떻게 시장의 패권이 사실상 소비자로 개조된 시민들의 완전한 예속을 초래했는지 입증했다. 신자유주의가 득세하던 시절에는 억압의 어휘조차 부정되었고, 그런 상황에서 많은 사람이 느꼈지만 거의 언어화되지 못하던 사회적 통제 형태에 이름을 부여한 마크의 능력에는 근본적인 힘이 있었다. 이렇게 말할 수 있다면, 그것은 리얼리티 TV, 등록금, 아이팟 나노의 시대를 위해 개조된 흐루시초프 비밀 연설이었다.

『자본주의 리얼리즘』의 일부 내용이 오늘날 다소 낡은 듯이 느껴진다면 부분적으로 이는 출간 이후 몇 년 동안 이 책이 거둔 놀라운 성공 때문이다. 발간 직후인 2009년 말에도 파급력이 상당했지만 마크의 이 텍스트가 입소문을 타고 실제로 널리 퍼진 것은 그보다 조금 뒤인 2011년―'위험한 꿈을 꾼 해'로 여겨지기도 했던―전후에 벌어진 일련의 사건을 통해서였다.

영국의 경우 『자본주의 리얼리즘』이 도처로 퍼져 나간 여정의 토대가 된 것은 2010년 말의 학생 시위였다. 우익인 보수당-자유 민주당 연립 정부가 선거에서 승리한 뒤 대학 등록금을 연간 약 3,000파운드에서 9,000파운드로 인상한다는 파멸적인 결정(전직 총리인 신노동당의 고든 브라운이 의뢰한 보고서의 권고에 따른 것이었음을 잊지 말아야 한다)을 내린 것에 반대하는 시위였다. 어떤 의미에서 이는 디스토피아적인 교육 체계가 재앙으로 치닫고 있다는 『자본주의 리얼리즘』의 모든 논의가 진실로 예지적인 것처럼 보이기 시작한 순간이었다. 학자금 부채가 엄청나게 늘어날 것이라는 전망이 연립 정부가 앞세운 '긴축' 프로그램의 첫 맹공격(극단에 이른 야만적 신자유주의가 공공 부문 전반에 걸쳐 시행한 예산 삭감)과 결합해 정말이지 티핑 포인트가 왔다는 분위기가 팽배해 있었다.

마크가 시장 스탈린주의와 우울증적 무쾌락에 대한 진단을 오늘날 학생들이 '정치에 무관심하고' '체념한 상태로 운명을 받아들이는' 것처럼 보인다는 널리 퍼진 비판과 맞세우는 동안, 등록금 인상에 맞서 영국 도시 곳곳에서 분출한 시위는 그런 도발이 적어도 얼마간은 성공적이었음을 시사했다. 실제로 어마어마한 학생 시위대가 런던 시가에서 경찰에 의해 토끼몰이를 당하고 이내 영국 전역의 대학 건물을 점거해 농성을 벌이며 빠르게 급진화되었는데, 그 과정에서 『자본주의 리얼리즘』은 분명 핵심적인 역할을 하며 마크가 "동기 부여/동기 상실이라는 이 분법에서 벗어나는 길"로 묘사한 것을 성취했다. 당시에 쓴 블로그 게시물에서 마크는 런던 학생 시위의 계급 구성을 높이 평가하며 이렇게 언급했다.

(우리) 라캉을 읽는 힙스터들도 '크로이던이나 페컴 지역, 이즐링턴의 공영 주택 단지에서 온 방리유 스타일의 청년들'과 나란히 그곳에 있었다. 달리 말하면 이 시위는 예술 학교―1950년대 이후로 영국의 팝 아트 문화에 결정적이었던―가 한때 그랬던 것처럼 노동 계급 문화와 보헤미아 문화를 하나로 결합하고 있었다.

여기서 괄호 안에 들어간 '우리'는 마크의 겸손을 보여주는 특유의 몸짓이었다. 사실 2010년 말의 시위 참가자들은 라캉이 쓴 글보다는 라캉 이론을 실용적으로 재구성한 『자본주의 리얼리즘』을 읽었을 것이다. 기묘할 정도로 때맞춰 도착한 이 책이 입소문을 타고 퍼지고 또 영국의 시위가 '위험한 꿈을 꾸었던 해'에 걸맞은 훨씬 묵직한 글로벌한 사건들(아랍의 봄, 월스트리트 점령, 에스파냐의 인디그나도스 운동, 아테네의 긴축 반대 시위 등)로 빠르게 이어지면서, 2010년대 초반의 급진적 반란에 가담한 사람들이 선택한 선언문 중 하나가 『자본주의 리얼리즘』이라는 사실이 점점 더 분명해졌다. 책의 감동적인 결미에서 마크는 이렇게 썼다.

> 가장 사소한 사건들도 자본주의 리얼리즘 아래서 가능성의 지평을 표지해 온 그 반동의 회색 장막에 구멍을 낼 수 있다. 어떤 일도 일어날 수 없는 상황에서 갑자기 다시 한번 무엇이든 가능해지는 것이다.

2000년대 후반에는 이런 수사가 단순히 희망을 (어찌면 소망을) 담은 사고처럼 보였지만, 2010~2012년의 사건들 속에서 그것은 직설적인 르포르타주와 비슷한 것으로 다가왔다. 앞선 10년의 심드렁한 무관심을 대체하는 새로운 전투적 분위기가 덮치자, 이 유토피아적인 슬로건에 담긴 낯설고 놀라운 현재 시제 형식들이 강력한 의미를 띠기 시작했다. 갑자기 정말로 다시 한번 무엇이든 가능해질 것만 같았다.

그다음에 벌어진 일은 아마도 대부분의 사람이 대체로 잘 알고 있을 것이다. 그리고 이제 우리는 모호한, 여전히 전개 중인 우리 자신의 현재 시제에 접어들기 시작했다. 2010년대 초반에 이루어진 급진적 돌파의 여파들이 10여 년 동안 지속되었고 동시대 좌파의 많은 주요 인사가 여전히 그 막간이 (그리고 그 핵심 텍스트인 『자본주의 리얼리즘』이) 전환의 순간이었다고 믿고 있지만, 지금 내가 글을 쓰고 있는 이 순간 세계의 상당 지역이 2000년대 후반에 마크의 격렬한 분노를 유발했던 것과 다르지 않은 마비 상태에 다시 빠져든 것 같다.

영미권에서 버니 샌더스나 제러미 코빈 같은 좌파 포퓰리스트 인사에게 급진적 에너지가 집중되면서 대규모 정치 개혁의 가능성이 잠깐 고개를 들기도 했다. 하지만 늦어도 2020년대가 시작될 무렵에는 두 사람 모두 정도 차이는 있을지언정 최종적으로 패배했다. 한편 그리스 시리자의 좌파 정부 실험은 훨씬 전에 흐지부지되었으며 세계적인 점령 운동도 대체로 역사적 골동품이 되었다. 이 모든 것의 아래에서는 글로벌 자본주의의 구조적 취약성이 계속해서 반복되는 위기를 낳았다. 자본주의 정부들은 어떻게든 버텨 왔지만 뚜렷한 대안이 없다. 『자본주의 리얼리즘』을 썼을 때보다 생태 재앙이 훨씬 더 확실하고 임박한 위험으로 다가오는 지금, 마크가 빌려 쓴 '자본주의의 종말을 상상하는 것보다 세계의 종말을 상상하는 것이 더 쉽다'는 격언은 오히려 한층 적절해졌다.

어쩌면 인구학적 변화가 궁극적으로 거대한 개혁의 돌파구로 이어질지도 모른다. 2030년대에 접어들 무렵 급진적인 성향의 밀레니얼 세대와 베이비 붐 세대가 세계의 정부들을 장악하게 된다면 말이다. 오늘날 좌파적 사고와 태도는 2000년대 후반에 비해 훨씬 더 큰 영향력을 발휘하며 자주 표출되고 있다. 하지만『자본주의 리얼리즘』세대라 할 수 있는 이들이 요청한 시위와 행동주의의 부활이 아직 (과거의 정치 혁명 같은 무엇을 촉발하는 것은 고사하고) 진정으로 지속적이고 근본적인 결과를 내지 못했다는 사실을 직시해야 한다. 이와 동시에 파시즘과 극우가 되살아나면서 자본주의의 붕괴가 인도적인 평등주의적 개편이 아니라 군사주의와 권위주의의 승리로 이어질 가능성도 제기되고 있다.

『자본주의 리얼리즘』과 관련된 개인적인 후일담은 말할 것도 없이 슬픔과 부서진 꿈들에 관한 것이기도 하다. 이 책은 마크에게 찬사와 폭넓은 독자층을 안겨 주었지만 안정된 직업적 성공을 보장해 주지는 않았다. 또한 그의 경력에 미친 영향 혹은 영향의 부재와는 별도로, 이 책이 2010년대 전반부에 받은 관심은 악화해 가던 그의 정신 건강에 거의 도움을 주지 못했다. 2017년 1월에 있었던 마크의 비극적인 자살은『자본주의 리얼리즘』과 직접적인 연관이 없었음을 분명히 할 필요가 있다. 2009년에 자신이 예언하고 북돋웠던 저항의 부활이 2017년 초에 좌초한 듯 보이면서 생긴 실망 때문에 마크가 삶을 거두어들이기로 결정했다고 말하는 것만큼, 혹은 그의 개인적인 고투와 2010년대의 사회-역사적 서사 사이에 경솔한 유추를 끌어들이는 것만큼 무신경하고 허무맹랑한 처사도 없을 것이다. 하지만 마크의 죽음이 실제로 광범위한 사회적 충격을 안긴 사건이었다고는 말할 수 있다고 생각한다. 무엇보다 특별히 웅변적이고 통찰력 있는 사회 비평가를 잃어버렸기 때문이고, 또 『자본주의 리얼리즘』이라는 한 세대를 규정한 놀라운 선언문의 적절한 후속편이 나올 가능성이 사라져 버렸기 때문이다.

하지만 뭐니 뭐니 해도, 또 역사적 적실성에 관한 모든 물음과는 별도로, 우리는 결국 마크의 역작이 담고 있는 핵심 주장—키르케고르, 헤겔, 마르크스 철학에 내재한 것만큼 뜻깊은—에 주의를 기울여야 한다. 기본적으로 『자본주의 리얼리즘』은 공동체나 개인이 억압받고 있을 때 정말이지 현재의 외관상의 한계들 너머를 바라보는 것보다 더 근본적이고 필수적인 행위는 없다고 말한다. 현실적이고 실용적으로 보이는 것과는 다른 무엇이 언젠가는—아마도 이 순간 누군가가 예상할 수 있는 것보다 더 빨리, 더 강력한 방식으로—실현될 수 있음을 믿기 위해서는 말이다. 마크가 매우 열렬히 주장했듯 그런 〔현실적이고 실용적인〕 대안을 찾는 것은 사실상 대안이란 없다고 우리 자신을 기만하는 짓이다. 그리고 그가 분명하게 입증한 것처럼 그런 어리석은 망상은 인간 삶의 운명—가장 기본적인 의미에서의—까지 위협할 수 있다. 비극과 좌절된 이상주의라는 이면의 이야기에도 불구하고 이 핵심 메시지 때문에 『자본주의 리얼리즘』은 분명 더 오래도록 사람들의 기억 속에 남을 것이다.

1

자본주의의 종말보다
세계의 종말을
상상하는 것이 더 쉽다

알폰소 쿠아론의 2006년 영화 「칠드런 오브 맨」의 주요
장면에서 클라이브 오언이 연기한 테오는 배터시 발전소[1]
에 있는 한 친구를 방문한다. 발전소는 이제 공공 건물과
사적인 소장품 공간을 겸해 사용되고 있다. 그 자체로 재
단장된 유물이라 할 수 있는 이 건물은 미켈란젤로의 다
비드상, 피카소의 「게르니카」, 핑크 플로이드의 「애니멀
스」 앨범 표지에 등장하는 돼지 풍선 등의 문화재를 보존
하고 있다. 이것이 대규모의 불임을 초래한 어떤 재앙(한
세대 동안 아이가 전혀 태어나지 않았다)을 피해 틀어박힌
상류층의 삶을 일별할 수 있는 유일한 장면이다. 테오는
질문을 던진다. "볼 수 있는 사람이 아무도 없게 되면 이
모든 게 다 무슨 의미가 있을까?" 미래 세대는 더 이상 알
리바이가 될 수 없다. 아무도 없을 것이기 때문이다. 돌아
오는 답은 니힐리즘적 쾌락주의다. "그것까진 생각하지

---

1 런던 템스강 인근에 소재한 화력 발전소. 1930년대에
세워졌으나 현재는 발전을 중단하고 문화 유적지이자 런던의 랜드
마크로 자리 잡았다.

않으려 해."

　「칠드런 오브 맨」의 디스토피아가 독특한 까닭은 그것이 후기 자본주의 특유의 디스토피아이기 때문이다. 이것은 영화적 디스토피아가 판에 박은 듯 내놓는 그 익숙한 전체주의 시나리오(가령 제임스 맥티그 감독의 2005년 영화 「브이 포 벤데타」를 보라)와는 다르다. 「칠드런 오브 맨」이 기반하고 있는 필리스 도러시 제임스의 소설에서는 민주주의가 유보되어 있으며 통치자를 자처하는 워든이 나라를 지배하고 있다. 하지만 영화는 현명하게도 이 모든 것을 사소하게 취급한다. 알다시피 어디에나 자리를 잡고 있는 권위주의적 조치들은 명목상 민주주의로 남아 있는 정치 구조에서도 시행될 수 있다. 우리는 테러와의 전쟁이 그처럼 전개되는 것을 지켜보았다. 가령 위기가 일상화됨에 따라 비상 사태에 대처하고자 도입된 조치들을 폐지하는 것은 상상도 할 수 없는 일이 되었다(이 전쟁은 언제 끝날 것인가?).

　「칠드런 오브 맨」을 보면서 우리는 자본주의의 종말을 상상하는 것보다 세계의 종말을 상상하는 것이 더 쉽다는 프레드릭 제임슨과 슬라보예 지젝의 구절을 떠올리지 않을 수 없다. 이 슬로건은 내가 '자본주의 리얼리즘' capitalist realism이라는 표현으로 의미하는 바를 정확하게 포착하고 있다. 자본주의가 유일하게 존립 가능한 정치, 경제 체계일 뿐 아니라 이제는 그에 대한 일관된 대안을 상상하는 것조차 불가능하다는 널리 퍼져 있는 감각이 그것이다. 한때 디스토피아를 그린 영화나 소설은 이런 대안적 상상 행위의 연습이었고, 그런 작품이 묘사한 재앙들은 다른 삶의 방식이 출현할 수 있는 서사적 구실로 작용했다. 「칠드런 오브 맨」에서는 그렇지 않다. 이 영화가 투영하는 세계는 자본주의에 대한 대안이 아니라 우리 세계를 외삽했거나 우리 세계가 악화된 모습처럼 보인다. 우리 세계와 마찬가지로 이 세계에서도 극단적인 권위주의와 자본은 결코 양립 불가능하지 않다. 난민 수용소와 프랜차이즈 커피 전문점이 공존하고 있는 것이다. 「칠드런 오브 맨」에서 공적 공간은 방기된 채로 수거되지 않은 쓰레기와 어슬렁거리는 동물들이 차지하고 있다(폐교에서 사슴 한 마리가 뛰어다니는 장면이 특히 인상적이다). 탁월한 자본주의 리얼리스트인 신자유주의자들은 공적 공간의 파괴를 경축했다. 그러나 공식적으로 알려진 그들의 희망과는 반대로 「칠드런 오브 맨」에서 국가는 전혀 위축되어 있지 않으며 오히려 군사 및 치안이라는 그 핵심 기능을 노출하고 있다("공식적으로 알려진" 희망이라고 말한 이유는 신자유주의는 이데올로기적으로 국가를 맹비난하는 동안에도 은밀하게 국가에 의존하기 때문이다. 이는 2008년의 금융 위기 동안 신자유주의 이데올로그들의 초대로 국가가 은행 체계를 떠받치기 위해 적극 개입했을 때 극적으로 분명해졌다).

「칠드런 오브 맨」에서 파멸은 장차 일어날 일도 이미 발생한 일도 아니다. 오히려 파멸은 지금 겪고 있는 일이다. 파멸이 발생하는 정확한 순간은 없다. 세계는 한 번의 대폭발로 끝나지 않는다. 그것은 서서히 빛을 잃고 흐트러지면서 점차 허물어진다. 무엇이 파멸을 야기했는지는 아무도 모른다. 파멸의 원인은 먼 과거에, 어떤 악한 존재의 변덕(일종의 부정적인 기적, 혹은 참회로는 풀 수 없는 저주 같은)처럼 보일 만큼 현재와 절대적으로 동떨어진 과거에 놓여 있다. 애초에 저주의 시작을 예상할 수 없었듯 예상할 수 없는 개입만이 그런 파멸을 완화할 수 있다. 행위는 소용없다. 무의미한 희망만이 의미를 만든다. 무력한 자들이 가장 먼저 찾아드는 곳인 미신과 종교가 급증한다.

그런데 무엇이 파멸인 걸까? 불임이라는 주제를 은유로, 다른 종류의 불안이 전치된 것으로 읽어야 한다는 점은 분명하다. 나는 이런 불안을 문화의 견지에서 읽어야 한다고, 나아가 이 영화가 다음의 물음을 제기한다고 주장하고 싶다. 새로운 것이 없다면 하나의 문화가 얼마나 오래 지속될 수 있을까? 청년들이 더 이상 놀라움을 만들어 낼 수 없다면 무슨 일이 일어날까?

「칠드런 오브 맨」은 종말이 이미 왔다는 의심, 아마도 미래에는 반복과 재조합만이 남게 될 것이라는 생각과 연결되어 있다. 단절도 없고 도래할 '새로움의 충격'도 없는 상태가 있을 수 있을까? 이런 불안은 결과적으로 양극 사이에서 동요하는 경향이 있다. 미래를 향한 길에 틀림없이 새로운 무언가가 있을 것이라는 '약한 메시아주의적'

희망이 그 어떤 새로운 일도 일어날 수 없으리라는 침울한 확신으로 변하기 시작하는 것이다. 미래에 발생할 중요한 사건에서 마지막으로 있었던 중요한 사건으로 초점이 이동한다. 그 일은 얼마나 오래전에 일어났으며 얼마나 대단했는가?

「칠드런 오브 맨」의 배경에는 T. S. 엘리엇이 어렴풋이 자리하고 있고, 무엇보다도 영화는 불모성〔불임〕sterility이라는 주제를 『황무지』로부터 물려받고 있다. 영화가 끝난 뒤 뜨는 경구인 '샨티 샨티 샨티'는 우파니샤드의 평화보다는 엘리엇의 작품과 더 많은 연관이 있다.[2] 아마도 「칠드런 오브 맨」에서 또 다른 엘리엇, 즉 「전통과 개인의 재능」을 쓴 엘리엇의 관심사가 암호화되어 있는 것도 확인할 수 있을 것이다.[3] 이 에세이에서 엘리엇은 해럴드 블룸을 선취하면서 정전적인 것과 새로운 것 사이의 상호관계를 묘사했다. 새로운 것은 이미 확립되어 있는 것에 응답하면서 스스로를 정의한다. 동시에 확립된 것은 새로운 것에 답하며 자신을 재형성해야 한다. 엘리엇의 주장은 미래를 고갈시키게 되면 우리에게는 과거도 남아 있지

---

2 1차 세계 대전 이후의 황폐해진 유럽을 그리고 있는 T. S. 엘리엇의 장편 시 『황무지』는 '샨티, 샨티, 샨티'를 외면서 끝난다. '샨티'shantih는 고대 인도의 경전인 『우파니샤드』에서 이해를 초월한 평화를 뜻하는 표현이다.

3 T. S. 엘리엇, 「전통과 개인의 재능」, 『성스러운 숲: 시와 비평에 관한 논고』, 장경렬 옮김, 화인북스, 2022.

않게 된다는 것이었다. 전통이 더 이상 논쟁되거나 변경되지 않을 때 그 전통은 아무 쓸모도 없어진다. 그저 보존되어 있기만 한 문화는 결코 문화가 아니다. 영화 속 「게르니카」의 운명이 그 본보기인데, 한때 파시스트의 잔혹성에 맞서는 고뇌와 분노의 울부짖음이었던 이 그림은 이제 벽에 걸린 장식품에 불과하다. 이 영화에서 「게르니카」가 '우상'의 지위를 얻는 것은 그림을 보관하고 있는 배터시 발전소와 마찬가지로 가능한 기능과 맥락을 박탈당했기 때문이다. 어떤 문화적 대상도 그것을 볼 수 있는 새로운 시선이 더 이상 존재하지 않으면 그 힘을 유지할 수 없다.

문화가 이처럼 박물관 소장품으로 변형되는 것을 확인하기 위해 「칠드런 오브 맨」이 그리는 가까운 미래를 기다릴 필요는 없다. 자본주의 리얼리즘의 힘은 부분적으로 자본주의가 이전의 모든 역사를 포섭하고 소비하는 그 방식에서 나온다. 이는 자본주의의 '등가 체계'가 만들어 낸 효과로, 이 체계는 모든 문화적 대상─종교적 도상이든 포르노그래피든 『자본』이든 뭐든─에 화폐 가치를 부여한다. 대영 박물관을 돌아다녀 보면 이런 과정의 전형적인 형태를 마주할 수 있다. 여기서 우리는 자신의 생활 세계에서 분리되어 있으며 영화 「프레데터」의 우주선 갑판처럼 생긴 곳에 진열되어 있는 대상들을 보게 된다. 옛 문화의 실천이나 의례가 한낱 미학적 대상으로 전환됨에 따라 그것들에 대한 믿음은 객관적으로 아이러니해지고 인위적인 것으로 변형된다. 그러므로 자본주의 리얼리즘은 특수한 유형의 리얼리즘이 아니다. 오히려 그것은 리얼리즘 자체에 가까운 것이다. 카를 마르크스와 프리드리히 엥겔스가 『공산당 선언』에서 관찰했던 것처럼 말이다.

부르주아지는 신앙적 광신, 기사적 열광, 속물적 감상 등의 성스러운 외경을 이기적 타산이라는 차디찬 얼음물 속에 집어넣어 버렸다. 부르주아지는 인격적 가치를 교환 가치로 용해시켜 버렸으며, 문서로 보장된 혹은 정당하게 얻어진 수많은 자유를 단 하나의 파렴치한 상업 자유로 바꾸어 놓았다. 한마디로 그들은 종교적, 정치적 환상에 의해 은폐되어 있던 착취를 공공연하고 파렴치하며 직접적이고 무미건조한 착취로 바꾸어 놓았던 것이다.[4]

자본주의는 정교한 의례나 상징 수준에서 믿음이 무너진 뒤 남겨진 무엇이다. 이제는 그 폐허와 유물 사이를 터벅터벅 걷는 소비자-구경꾼만이 남아 있을 뿐이다.

---

4 칼 맑스, 프리드리히 엥겔스, 「공산주의당 선언」, 『칼 맑스, 프리드리히 엥겔스 저작 선집』 1권, 최인호 외 옮김, 박종철출판사, 1991, 403쪽. 지은이는 마르크스와 엥겔스의 원문과 달리 이 인용문의 주어를 '자본'으로 쓰고 있다. 지은이가 혼동한 것인지 의도적으로 바꿔 넣은 것인지는 불분명하다. 더불어 본 번역서에서는 지은이가 본문에서 인용한 문헌의 한국어 번역이 있을 경우 한국어판 서지 정보를, 한국어판이 없을 경우에는 영어판 서지 정보를 밝혀 줄 것이다.

그런데 믿음에서 미학으로의 전환, 참여에서 구경으로의 이 전환은 자본주의 리얼리즘의 미덕 중 하나로 여겨지고 있다. 알랭 바디우가 언급하듯 자본주의 리얼리즘은 "'과거의 이데올로기들'이 만들어 낸 '치명적 추상들'로부터 우리를 구해 낸다"고 주장하면서 스스로를 믿음 자체의 위험에 빠지지 않도록 보호해 주는 방패로 제시한다.[5] 포스트모던 자본주의 고유의 태도인 아이러니한 거리 두기는 우리를 광신주의의 유혹에서 면역시켜 준다고 가정된다. 사람들은 기대치를 낮추는 적은 비용으로 테러와 전체주의를 막을 수 있다고 말한다. 바디우는 이렇게 주장한다.

> 우리는 모순 속에 살고 있습니다. 야만적이고 극도로 불평등한 상황, 모든 실존이 오직 돈으로 평가되는 이 상황이 우리에게 이상적인 것으로 제시됩니다. 하지만 이미 확립된 질서를 옹호하는 자들이 아무리 자신의 보수주의를 정당화하려 해도 진정으로 이 질서가 이상적이거나 멋지다고 말할 수는 없습니다. 대신에 이들은 나머지 모든 것이 끔찍하다고 말하기로 결심했습니다. 가령 우리가 완벽한 선의 상황에서 살고 있지는 않을 수도 있지만 운 좋게도 완전한 악의 상황에서 살고 있지도 않다

5   알랭 바디우, 『윤리학 : 악에 대한 의식에 관한 에세이』, 이종영 옮김, 동문선, 2001, 14쪽.

고, 우리의 민주주의가 완벽하지는 않지만 피로 얼룩진 독재보다는 낫다고, 자본주의는 부당하지만 스탈린주의 같은 범죄는 아니라고, 우리는 수백만 명의 아프리카인이 에이즈로 죽도록 방치하지만 밀로셰비치처럼 인종주의적인 민족주의를 선포하지는 않는다고, 우리는 비행기로 이라크인을 살해하지만 그들이 르완다에서 하듯 마체테로 사람 목을 베지는 않는다고 말이죠.[6]

여기서 '리얼리즘'은 긍정적 상태나 희망은 위험한 환영일 뿐이라고 믿는 우울증자의 암울한 관점과 유사하다.

마르크스 이래 확실히 가장 인상적으로 자본주의를 해석한 질 들뢰즈와 펠릭스 가타리는 자본주의를 이전의 모든 사회 체계에 유령처럼 출몰했던 일종의 어두운 잠재성으로 묘사한다. 그들의 주장에 의하면 자본은 원시적이거나 봉건적인 사회들이 "미리 피했던" 혐오스러운 것, "이름 붙일 수 없는 사물"이다. 현실적으로 확립되었을 때 자본주의는 문화의 거대한 탈신성화를 동반했다. 자본주의는 그 어떤 초월적 법에도 더 이상 지배받지 않는 체계다. 오히려 자본주의는 그러한 모든 초월적 규약을 해체하는데, 이는 오직 그것들을 어떤 임시적 기반 위에 다시 설립하

---

6   Christoph Cox, Molly Whalen and Alain Badiou, "On Evil: An Interview with Alain Badiou", *Cabinet*, Issue 5, Winter 2001~2002.

기 위해서다. 자본주의의 경계들은 명령에 따라 고정되는
것이 아니라 실용적이고 즉흥적으로 정의(되고 재정의)
된다. 이 점에서 자본주의는 존 카펜터의 영화「괴물」에
나오는 그 사물〔괴물〕, 접촉하는 것마다 흡수하고 소화하
는 무시무시하며 무한히 유연한 어떤 실체와 매우 유사하
다. 들뢰즈와 가타리에 따르면 자본은 "지금까지 존재했
던 모든 것이 마구 섞인 그림",[7] 초ultra근대적인 것과 고대
적인 것의 낯선 혼종 같은 것이다. 들뢰즈와 가타리가 두
권의『자본주의와 분열증』[8]을 쓰고 난 이후 탈영토화하려
는 자본주의의 충동은 금융에 한정되고 문화는 재영토화
의 힘들이 주도하게 된 것처럼 보인다.

　　물론 이러한 불안, 새로운 것은 없다는 느낌이 그 자체
로 새로운 것은 아니다. 우리는 베를린 장벽이 붕괴한 후
프랜시스 후쿠야마가 큰소리로 외쳤던 악명 높은 '역사의
종언'에 우리 자신이 처해 있음을 깨닫고 있다. 역사가 자
유주의적 자본주의에서 절정에 이르렀다는 후쿠야마의
테제는 널리 조소받아 왔다. 그러나 문화적 무의식의 층
위에서는 이 테제가 수용되고 있으며 심지어 당연한 것으
로 받아들여지고 있다. 그런데 후쿠야마가 그 테제를 내
세웠던 때만 해도 역사가 '마지막 해변'에 다다랐다는 관
념이 단순히 승리감에 가득 찬 도취가 아니었음을 기억해

　　7　질 들뢰즈, 펠릭스 과타리,『안티 오이디푸스: 자본주의와
분열증』, 김재인 옮김, 민음사, 2014, 450쪽.
　　8　『안티 오이디푸스』와『천 개의 고원』을 가리킨다.

야 한다. 후쿠야마는 자신의 찬란한 도시에 유령이 출몰할 수도 있다고 경고했다. 하지만 그는 그 유령이 마르크스적인 유령이 아니라 니체적인 유령일 것이라 생각했다. 탁월한 선견지명을 보이는 니체의 글들 중 일부는 "역사의 과잉"oversaturation of an age with history을 묘사하고 있다. 『반시대적 고찰』에서 그는 "역사의 과잉으로 인해 시대는 자신에 대한 아이러니라는 위험한 분위기로 빠지고, 거기서 더 위험한 냉소주의 분위기에 젖게 된다"고 썼다.[9] 이런 분위기에서는 "세계주의적 감지感知",[10] 즉 무심한 방관주의가 참여와 개입을 대체한다. 이것이 니체가 말하는 최후의 인간이 처한 상태다. 이 최후의 인간은 모든 것을 알고 있으나 정확히 이러한 (자기) 앎의 과잉 때문에 퇴폐적으로 쇠약해져 있다.

어떻게 보면 후쿠야마의 입장은 프레드릭 제임슨의 입장과 거울상을 이루고 있다. 제임슨의 유명한 주장에 의하면 포스트모더니즘은 "후기 자본주의의 문화 논리"다. 제임슨은 미래의 실패가 포스트모던 문화 영역의 구성적 특징이라고 주장했는데, 이 영역은 그가 정확히 예견했듯 혼성 모방pastiche과 복고주의가 지배하게 될 것이었다. 제임슨이 포스트모더니즘 문화와 소비 (또는 포스

---

9   프리드리히 니체,『반시대적 고찰』,『비극의 탄생·반시대적 고찰: 니체 전집 2권』, 이진우 옮김, 책세상, 2005, 325쪽.

10   니체,『유고(1887년 가을~1888년 3월): 니체 전집 20권』, 백승영 옮김, 책세상, 2000, 92쪽.

트포드주의) 자본주의의 몇몇 경향이 맺는 관계를 설득력 있게 논증했음을 고려하면 자본주의 리얼리즘이라는 개념은 필요 없어 보일지도 모른다. 어떤 점에서는 사실이다. 내가 자본주의 리얼리즘이라 부르는 것은 제임슨이 이론화한 포스트모더니즘이라는 항목에 포함될 수 있다. 하지만 제임슨의 대담한 설명에도 불구하고 포스트모더니즘은 극히 논쟁적인 용어로 남아 있어서 그 불안정하고도 다중적인 의미는 적절하면서도 별 도움이 되지 않는다. 더 중요하게는 나는 제임슨이 묘사하고 분석했던 그 과정의 일부가 이제는 너무 심화되고 만성화되어 종적인 변화를 겪었다고 주장하고 싶다.

궁극적으로 내가 포스트모더니즘보다 자본주의 리얼리즘이라는 용어를 더 선호하는 세 가지 이유가 있다. 제임슨이 포스트모더니즘과 관련된 자신의 테제를 처음 발전시켰던 1980년대에는 적어도 명목상으로는 여전히 자본주의에 대한 정치적 대안들이 있었다. 하지만 우리가 지금 다루고 있는 것은 더 깊고 훨씬 더 만연한 고갈의 느낌, 문화적이고 정치적인 불모의 느낌이다. 80년대에는 '현실 사회주의'가 비록 그 붕괴의 마지막 단계이기는 했어도 여전히 존속하고 있었다. 영국의 경우 1984~1985년에 벌어진 광원 파업 같은 사건에서는 계급 적대의 단층선들이 완전히 드러나 있었다. 그리고 광원들의 패배는 자본주의 리얼리즘이 발전하는 중대한 계기—실질적인 결과만큼이나 상징적인 차원에서도—가 되었다. 탄광 폐

쇄는 정확히 그것을 계속 유지하는 것이 '경제적으로 현실적이지' 않다는 이유로 지지되었고, 광원들에게는 운이 다한 프롤레타리아 로맨스의 마지막 배우라는 역할이 주어졌다. 80년대는 자본주의 리얼리즘을 위한 싸움이 벌어지면서 그것이 확립된 시기였으며, 자본주의 리얼리즘의 간명한 슬로건이라 할 수 있을 '대안은 없다'라는 마거릿 대처의 독트린이 야만스러운 자기 충족적 예언이 된 시기였다.

둘째, 포스트모더니즘은 모더니즘과의 일정한 관계를 포함하고 있었다. 포스트모더니즘에 대한 제임슨의 저작은 오직 모더니즘만이 그것의 형식적 혁신들 덕분에 혁명적 잠재성을 지닌다는 테어도어 W. 아도르노 같은 이가 선호한 관념을 심문하면서 시작한다. 그런데 제임슨이 보기에는 오히려 모더니즘의 모티프들이 대중 문화로 통합되고 있었다(예를 들어 갑자기 초현실주의 기법들이 광고에 등장하곤 했다). 특수한 모더니즘 형식들이 흡수되고 상품화됨에 따라 모더니즘의 신조, 그것이 가정하고 있던 엘리트주의에 대한 믿음, 독백적인 하향식 문화 모델 등은 '차이', '다양성', '복수성'의 이름으로 도전받고 거부되었다. 자본주의 리얼리즘은 더 이상 모더니즘과의 이러한 대면을 무대에 올리지 않는다. 반대로 그것은 모더니즘에 대한 극복을 당연한 것으로 치부한다. 모더니즘은 이제 주기적으로 되돌아올 수 있는, 그러나 결코 삶의 이상으로서가 아니라 얼어붙은 미학적 스타일로서만 되돌아올 수 있는 어떤 것이 되었다.

셋째, 베를린 장벽이 붕괴한 이래 온전히 한 세대가 지나갔다. 1960~1970년대에 자본주의는 외부의 에너지들을 어떻게 담아내고 흡수할 것이냐는 문제에 직면했다. 이제 자본주의는 사실상 정반대 문제에 봉착해 있다. 외부성을 완전히 성공적으로 통합한 자본주의는 식민화하고 전유할 수 있는 외부 없이 어떻게 기능할 수 있는가? 유럽과 북아메리카에 거주하는 스무 살 이하의 청소년 대부분에게 자본주의에 대한 대안의 결여는 더 이상 쟁점조차 아니다. 자본주의는 생각할 수 있는 것의 지평을 빈틈없이 장악하고 있다. 제임슨은 자본주의가 무의식에 스며드는 방식을 두려움 속에서 전하곤 했다. 〔하지만〕 자본주의가 사람들이 꿈꾸는 삶을 식민화해 왔다는 사실은 이제 당연한 것으로 간주되어 더 이상 논평할 가치도 없을 정도가 되었다. 가까운 과거가 정치적 잠재성들로 가득한 타락 이전 상태였다고 상상하는 태도는 위험하며 오해를 초래할 소지가 있다. 또 20세기 내내 상품화가 문화의 생산에서 담당했던 역할도 기억해야 한다. 하지만 전용과 회복,[11] 전복과 통합 사이에서 벌어졌던 옛 투쟁은 이

---

11 전용détournement은 지배 문화의 표현들에 변경을 가해 그것을 비판적이고 전복적인 것으로 바꾸어 놓는 활동이다. 반대로 회복recuperation은 체제 비판적인 급진적 사상이나 작품 등이 지배 문화 안으로 순치되는 현상이다. 이 용어들은 1960년대 이래 상황주의 담론에서 널리 사용되었다.

제 끝난 듯 보인다. 우리가 지금 다루고 있는 것은 이전에 전복적 잠재성을 지닌 듯 보였던 것들의 통합이 아니라 오히려 그것들의 사전 구성precorporation, 즉 자본주의 문화가 욕망과 갈망, 희망 등을 선제적으로 구성하고 형성하는 사태다. 가령 '대안적' 또는 '독립적' 문화 지대들이 자리 잡고 확립되어 있는 곳을 보라. 그곳에서는 반항과 논쟁의 오랜 몸짓들이 마치 처음인 것처럼 끊임없이 반복된다. '대안적' 또는 '독립적'이라는 표현은 주류 문화 외부에 있는 어떤 것을 가리키지 않는다. 오히려 그것은 주류 내부의 스타일, 사실상 바로 그 지배적인 스타일이다. 어느 누구도 커트 코베인과 너바나보다 훌륭하게 이 교착 상태를 형상화하지 (그리고 그것과 투쟁하지) 못했다. 코베인은 지독한 권태와 대상 없는 분노를 느끼며 나른한 목소리로 역사 이후에 도달한 세대의 낙담을 노래하는 듯 보였고, 그의 일거수일투족은 심지어 그가 움직이기도 전에 예측되고 추적되며 사고팔렸다. 코베인은 자신이 그저 또 하나의 구경거리일 뿐임을, MTV에 대한 항의보다 MTV에 더 좋은 일은 없음을 알고 있었다. 그는 자신의 일거수일투족이 사전에 각본이 짜인 클리셰이며, 그것을 깨닫는 것마저도 클리셰라는 것을 알았다. 코베인을 꼼짝 못 하게 만든 곤경은 제임슨이 묘사했던 곤경과 정확히 일치한다. 즉 코베인은 포스트모던 문화 일반과 마찬가지로 "스타일의 혁신이 더 이상 가능하지 않으며, 죽은 스타일들을 모방하고 가면을 쓴 채 상상의 박물관에나 있을 스타일의 목소리로 말하는 것만이 남은 세계"에 자신이 속해 있음을 깨닫고 있었다.[12] 이러한 세계에서는 성공마저도 실패를 의미하는데, 성공한다는 것은 체계가 먹잇감으로 삼을 수 있는 새로운 고깃덩어리가 된다는 것을 의미할 뿐이기 때문이다. 하지만 너바나와 코베인의 고도로 실존적인 고뇌는 이미 옛 국면에 속한다. 이들의 뒤를 이은 것은 아무런 불안 없이 과거의 형식들을 재생산하는 혼성 모방-록이다.

코베인의 죽음은 록 음악의 유토피아적이고 프로메테우스적인 야심들이 패배하고 체제로 통합되었음을 확인시켜 주었다. 그가 사망했을 때 록은 이미 힙합으로 대체되어 저물고 있었고, 힙합의 세계적인 성공은 앞서 언급했던 자본에 의한 사전 구성을 전제하고 있었다. 대부분의 힙합에서 청년 문화가 무언가를 변화시킬 수 있으리라는 '순진한' 희망은 야만적이고 환원주의적인 판본의 '현실'reality을 냉정하게 수용하는 것으로 대체되었다. 사이먼 레이놀즈는 1996년 잡지 『와이어』에 쓴 에세이에서 다음과 같이 지적했다.

힙합에서 '리얼'real은 두 가지 의미를 지닌다. 우선 이는 음악 산업에 팔리기를 거부하고 크로스오버를 위해 메

12 Fredric Jameson, "Postmodernism and Consumer Society", *The Cultural Turn: Selected Writings on the Postmodern, 1983~1998*, Verso, 1998, p.7.

시지를 누그러뜨리기를 거부하는 진정성 있고 비타협적인 음악을 의미한다. 또한 '리얼'은 음악이 후기 자본주의의 경제적 불안정성, 제도화된 인종주의, 청년들에 대한 경찰의 감시와 괴롭힘의 증가 등으로 이루어진 어떤 '현실'을 반영함을 의미한다. 〔이렇게 보면〕 '리얼'은 사회적인 것의 죽음을 의미한다. 즉 그것은 기업들이 증대된 이윤으로 봉급을 인상하거나 복지를 개선하기는커녕 다운사이징(복지 혜택도 누리지 못하고 고용 안정도 보장받지 못하는 파트 타임 노동자나 프리랜서 노동자로 이루어진 유동적인 고용 시장을 만들기 위해 정규직 노동력을 해고하는 것)으로 대응함을 의미한다.[13]

따지고 보면 힙합이 둘째 의미의 리얼로, 즉 후기 자본주의의 경제적 불안정성이라는 현실로 손쉽게 흡수될 수 있었던 것은 정확히 첫째 의미의 리얼, 즉 '비타협적인 것'을 보여 준 힙합의 실천 때문이다. 후기 자본주의 현실에서 그런 진정성은 시장성이 매우 높은 것으로 입증되었다. 갱스터 랩은 수많은 옹호자가 주장하듯이 그저 기존의 사회적 상황을 반영하고 있는 것도 아니고 비판가들이 주장하듯이 단순히 그러한 상황을 야기하고 있는 것도 아니다. 오히려 힙합과 후기 자본주의의 사회적 장이 서

---

13 Simon Reynolds, "Slipping Into Darkness", *The Wire*, No.148, June 1996.

로 피드백을 주고받는 과정은 자본주의 리얼리즘이 스스로를 일종의 반신화적 신화로 변형시키는 방식 중의 하나다. 「스카페이스」, 「대부」 시리즈, 「저수지의 개들」, 「좋은 친구들」, 「펄프 픽션」 같은 갱스터 영화와 힙합의 친연성은 세계에 대한 감상적인 환영을 제거하고 세계를 '실제로 존재하는' 그대로, 가령 홉스적인 만인에 대한 만인의 전쟁 상태, 영구적 착취와 일반화된 범죄의 체계 등으로 본다는 그들 공통의 주장에서 비롯한다. 레이놀즈는 힙합에 있어 "'리얼해지는' 것은 서로가 서로를 잡아먹는 어떤 자연 상태, 승자와 패자만이 존재하며 우리 대부분은 패자가 되기 마련인 그런 자연 상태와 대면하는 것"이라 쓰고 있다.

프랭크 밀러의 만화와 제임스 엘로이의 소설에서도 똑같은 네오 누아르적 세계관을 발견할 수 있다. 밀러와 엘로이의 작품들은 탈신화화를 강조하고 과장하는 경향이 있다. 단호한 관찰자의 자세를 취하는 이들은 세계를 미화하며 포장하는 방식, 가령 슈퍼 히어로 만화나 전통적인 범죄 소설의 저 단순한 윤리적 이분법에나 어울리는 그런 방식을 거부한다. 두 작가가 극심한 부패에 보이는 집착으로 인해 여기서 '리얼리즘'은 축소되기보다는 강조된다. 잔혹함, 배신, 야만성 등을 과도하게 강조하다 보니 곧바로 우스꽝스러워지지만 말이다. 1992년 마이크 데이비스는 엘로이에 관해 다음과 같이 썼다. "그의 칠흑 같은 어둠에는 그림자를 드리우는 빛이 전혀 없고, 악은 법의학적인 평범함이 된다. 그 결과 그의 작품은 레이건-부시 시대의 실제적인 도덕적 짜임새, 즉 더 이상 분노를 일으키지 못하고 흥미조차 끌지 못하는 타락의 과포화 상태와 아주 비슷한 분위기를 낳는다."[14] 그런데 바로 이러한 무감각화가 자본주의 리얼리즘을 위해 기능한다. 데이비스는 "LA 누아르의 역할"이 "레이건주의적 인간homo reaganus의 출현을 알리는 것"이었다는 가설을 제기했던 셈이다.

14   Mike Davis, *City of Quartz: Excavating the Future in Los Angeles*, 2nd ed., Verso, 2006, p.45.

2

**여러분이 시위를 조직하고
모두가 참여했다.
무슨 일이 벌어질까?**

갱스터 랩과 제임스 엘로이의 사례에서 자본주의 리얼리
즘은 가장 무자비한 약탈 상태에 이른 자본에 대한 일종
의 과잉 동일시super-identification라는 형태를 취하고 있다.
그러나 꼭 그런 형태를 띨 필요는 없다. 사실 자본주의 리
얼리즘은 이런저런 반자본주의를 배제하는 것과는 상당
히 거리가 멀다. 슬라보예 지젝이 도발적으로 지적하듯이
어쨌거나 반자본주의는 자본주의에 널리 유포되어 있다.
할리우드 영화에서 악당은 매번 '악한 기업'으로 판명난
다. 이런 반자본주의적 몸짓은 자본주의 리얼리즘을 무너
뜨리기는커녕 실제로는 강화한다. 디즈니/픽사의 「월-E」
를 보자. 이 영화는 인간이 더 이상 거주할 수 없을 만큼 훼
손된 지구를 보여 준다. 우리는 소비 자본주의와 기업들
이―혹은 거대 기업인 바이 앤 라지가―이러한 약탈에
책임이 있음을 조금도 의심치 않는다. 그리고 지구 밖에
망명해 있는 인간들이 마침내 등장하는데 비만 상태인 이
어린아이들은 모터 달린 커다란 의자에 휴대된 스크린 인
터페이스로 교류하고 컵에 담긴 정체를 알 수 없는 음료

를 홀짝거린다. 여기서 우리는 장 보드리야르가 전망한 것과 유사한 통제 및 소통의 모습을 볼 수 있다. 말하자면 이제 지배 과정은 더 이상 외적인 스펙터클에 대한 예속의 형태를 취하지 않으며 오히려 상호 교류하고 참여하도록 우리를 초대한다. 영화 관객 자체가 이러한 풍자의 대상처럼 보이는데, 이에 비위가 상한 일부 우익 성향 관람자는 디즈니/픽사가 관객을 공격한다고 비난하기도 했다. 그러나 이런 종류의 아이러니는 자본주의 리얼리즘에 도전하기보다는 오히려 그것을 부추긴다. 「월-E」 같은 영화는 로베르트 팔러가 말한 '상호 수동성'의 전형적인 사례다.[1] 이 영화는 우리를 대신해 우리의 반자본주의를 상연하고, 그리하여 우리는 양심의 가책 없이 소비를 계속이어 갈 수 있다. 프로파간다와 달리 자본주의 이데올로기는 무언가를 명시적으로 옹호하지 않으며, 자본의 작동이 어떤 주관적인 믿음에도 의존하지 않는다는 사실을 감추는 역할을 한다. 프로파간다 없는 파시즘이나 스탈린주의를 상상하는 것은 불가능하다. 그러나 자본주의는 누군

---

1 로베르트 팔러에 의하면 상호 수동적 행위는 다른 사람이나 동물 또는 사물이 우리를 대신해 소비하게 하는―일하게 하는 것이 아니라―것이다. 팔러는 텔레비전 쇼에서 녹화된 웃음이 우리를 대신해 웃거나 고대 비극에서 코러스가 관객을 대신해 슬퍼하는 상황, 책이나 비디오를 읽고 보는 것이 아니라 그것들의 수집 자체에 만족감을 느끼는 태도 등을 사례로 든다. Robert Pfaller, *Interpassivity: The Aesthetics of Delegated Enjoyment*, Edinburgh University Press, 2017 참조.

가가 옹호하지 않더라도 완벽하게, 어떤 의미에서는 그래야 더 잘 굴러갈 수 있다. 지젝의 조언이 여기서 아주 중요하다.

만일 이데올로기에 대한 우리의 개념이 환영이 지식 속에 있는 것이라는 고전적인 개념에 머문다면 분명 오늘날의 사회는 포스트이데올로기적으로 보일 것이다. 즉 냉소주의 이데올로기가 지배 이데올로기로 자리 잡고 있는 것이다. 사람들은 더 이상 이데올로기적 진실을 믿지 않으며 이데올로기적 명제들을 진지하게 받아들이지 않는다. 하지만 이데올로기는 근본적으로 사물들의 실상을 은폐하는 환영 수준에 있는 것이 아니라 우리의 사회적 현실 자체를 구조화하는 (무의식적) 환상 수준에 있다. 그리고 이 수준에서라면 우리는 물론 포스트이데올로기적 사회와는 거리가 멀다. 냉소적인 거리 두기는 단지 이데올로기적 환상이 지니고 있는 구조화하는 힘에 눈을 감아 버리는 여러 방식 중 하나일 뿐이다. 우리가 아무리 사태를 심각하게 받아들이지 않는다고 해도, 우리가 아무리 아이러니한 거리를 유지한다고 해도 우리는 여전히 그것을 행하고 있는 것이다.[2]

2   슬라보예 지젝, 『이데올로기의 숭고한 대상』, 이수련 옮김, 새물결, 2013, 68~69쪽.

지젝의 주장에 의하면 일반적으로 자본주의 이데올로기는 우리의 행동에 드러나 있는 외면화된 믿음을 희생시키고 내면적인 주관적 태도라는 의미의 믿음을 과대 평가하는 데 놓여 있다. 자본주의가 나쁜 것이라고 (진심으로) 믿는 동안에도 우리는 계속해서 자유롭게 자본주의적 교환에 가담할 수 있다. 지젝에 따르면 일반적으로 자본주의는 이러한 부인 구조에 의존한다. 우리는 화폐가 아무런 내재적 가치도 없는 무의미한 징표일 뿐이라고 믿는다. 하지만 우리는 마치 화폐가 신성한 가치를 지니고 있기라도 한 듯이 행한다. 더욱이 이러한 행동은 정확히 앞서의 그 부인에 의존하고 있다. 즉 이미 머릿속에서 화폐와 아이러니한 거리를 유지해 왔기 때문에 행동에서 화폐를 물신화할 수 있는 것이다.

진정한 반자본주의 운동을 기업적인 반자본주의와 구별할 수 있다면 문제가 없을 것이다. 그런데 이른바 반자본주의 운동은 9월 11일 세계 무역 센터에 가해진 공격으로 여세가 수그러들기 전에도 자본주의 리얼리즘에 너무 많이 양보했던 것 같다. 자본주의의 대안이 될 수 있는 일관된 정치경제 모델을 정립할 수 없었기 때문에 이 운동은 실제 목적이 자본주의를 대체하는 것이 아니라 그 최악의 과도함을 경감하는 데 있다는 혐의를 받았다. 또 정치적 조직화보다는 주로 항의를 무대화하는 형태를 취했기 때문에 이 운동은 스스로도 실제로 받아들여지리라고 생각하지 않는 일련의 히스테리적 요구로 이루어져 있다는 인상을 주었다. 이런 반자본주의적 항의들은 자본주의 리얼리즘에 대해 일종의 카니발적인 배경 소음을 형성했다. 나아가 이 항의들은 2005년의 라이브8 콘서트[3] 같은 거대 기업의 이벤트들과, 정치인이 입법 활동을 통해 빈곤을 퇴치해야 한다는 이 이벤트들의 (실현 가능성 없는) 터무니없는 요구와 너무 많은 것을 공유하고 있었다.

라이브8 콘서트는 모든 사람이 동의할 수 있는 항의라는 점에서 기이한 항의였다. 실제로 빈곤을 원하는 사람이 어디에 있겠는가? 라이브8 콘서트가 '타락한' 형태의 항의였던 것은 아니다. 오히려 이 콘서트에서는 항의의 논리가 가장 순수한 형태로 발현되었다. 60년대의 항의 충동은 어떤 악한 아버지, 즉 (이른바) 완전한 향유에 대한 '권리'를 잔인하게 자기 마음대로 부정하는 현실 원칙의 선구자 형상을 정립했다. 이러한 아버지는 언제든 무제한적으로 자원에 접근할 수 있으며 또한 이기적이고 무분별하게 그것들을 축장한다. 그렇지만 이 같은 아버지 형상에 의지하는 쪽은 자본주의가 아니라 항의 자체다. 그리고 현재의 전 지구적 엘리트들은 축장하는 아버지와의 동

---

3 라이브8 콘서트는 2005년 G8 회의 참가국에 아프리카의 빈곤 퇴치를 촉구하며 전 세계 네 개 대륙 열 개 도시에서 열린 초대형 콘서트다. 1985년 에티오피아 기아 원조를 목적으로 라이브 에이드 콘서트를 기획했던 아일랜드 출신의 뮤지션 봅 겔도프가 다시 마련했다.

일시를 성공적으로 피해 왔다. 이들이 청년에게 부과하는 '현실'은 자신이 60년대에 항의했던 상황보다 훨씬 더 가혹하지만 말이다. 실제로 라이브8 이벤트를 조직했던 이들은 리처드 커티스나 보노 같은 엔터테이너 형태의 전 지구적 엘리트였다.

진정한 정치적 행위 능력을 되찾기 위해서는 무엇보다도 우리가 욕망의 층위에서 자본의 무자비한 분쇄기 안에 들어가 있음을 받아들여야 한다. 환영적 대타자Other들에 대한 무지와 악의 적나라함 속에서 부인되고 있는 것은 우리 자신이 이 세계의 억압적 네트워크와 공모하고 있다는 사실이다. 자본주의는 과도하게 추상적인 비인격적 구조며 동시에 우리의 협조 없이는 아무것도 아님을 명심할 필요가 있다. 자본에 대한 가장 고딕적인 묘사가 가장 정확한 묘사이기도 하다. 자본은 모종의 추상적인 기생체, 만족을 모르는 뱀파이어이자 좀비-제조자다. 그런데 자본이 죽은 노동으로 전환시키는 살아 있는 육신은 우리의 육신이며, 그것이 만들어 내는 좀비는 바로 우리다. 어떻게 보면 정치 엘리트들은 실제로 우리의 하수인이다. 하지만 그들이 우리에게 제공하는 초라한 서비스는 우리의 리비도를 세탁하는 것, 우리의 부인된 욕망들이 우리와 아무런 관련이 없는 양 그것들을 우리 앞에 친절하게 재-현하는re-present 것이다.

1985년 첫 라이브 에이드 콘서트가 열린 이래로 자리잡아 온 이데올로기적 공갈들은 모종의 정치적 해결책이나 체계의 재조직화에 대한 요청 없이도 '개인들에 대한 보살핌'이 직접 기아를 종식시킬 수 있을 것이라고 떠들어 댔다. 지체 없이 행동할 필요가 있다고, 윤리적 긴박성이라는 이름하에 정치가 중단되어야 한다고 사람들은 말한다. 보노의 브랜드 프로덕트 레드Product Red는 자선 활동마저 생략하고 싶어 했다. 보노는 "자선 활동은 손을 맞잡는 히피 음악과 비슷하다. 프로덕트 레드는 펑크 록이나 힙합에 한층 가까우며, 이는 고된 상업 활동처럼 느껴져야 한다"고 선언했다. 자본주의에 대한 대안을 제공하는 것은 이 사업의 핵심이 아니었다. 오히려 프로덕트 레드가 보여 준 '펑크 록'이나 '힙합'적인 특징이란 자본주의가 도시의 유일한 게임임을 '현실주의적'으로 수용하는 것이었다. 그렇다, 프로덕트 레드의 목표는 그저 이 특수한 거래로 발생한 수익금 일부가 훌륭한 명분에 쓰인다는 사실을 확신시키는 것이었다. 여기서 환상은 서구의 소비주의가 지구 전체의 체계적 불평등에 내재적으로 연루되어 있기는커녕 그 자체로 불평등을 해결할 수 있다는 생각에 담겨 있다. 우리가 해야 할 일이라고는 공정 제품들을 사는 것이 전부다.

3

자본주의와 실재

'자본주의 리얼리즘'은 내가 고안한 독창적인 용어가 아니다. 이 용어는 1960년대에 독일의 한 팝 아티스트 그룹이 사용했으며, 마이클 셔드슨이 1984년 책『광고, 불편한 설득』에서 쓰기도 했다. 두 경우 모두 사회주의 리얼리즘을 패러디하면서 참조했는데, 내 용법에서 새로운 점은 내가 그것에 부여하는 더 포괄적이고 심지어는 과도한 의미다. 내가 이해하는 자본주의 리얼리즘은 예술에도, 광고에서 나타나는 유사 프로파간다적인 방식에도 한정되지 않는다. 그것은 어떤 만연한 분위기에 더 가까운 것이다. 자본주의 리얼리즘은 문화의 생산뿐 아니라 노동과 교육의 규제도 조건 지으며, 나아가 사고와 행동을 제약하는 일종의 보이지 않는 장벽으로 작용한다.

자본주의 리얼리즘이 그처럼 빈틈없다면 그리고 현행의 저항 형태가 그처럼 희망 없고 무기력하다면 실질적인 저항은 어떻게 이루어질 수 있는가? 자본주의가 고통을 안기는 방식을 강조하는 도덕적 비판은 자본주의 리얼리즘을 강화할 뿐이다. 빈곤, 기아, 전쟁 등이 현실의 불가피한 일부로 제시되는 한 이런 고통을 제거할 수 있으리라는 희망은 쉽게 순진한 유토피아주의로 치부될 수 있다. 어떤 식으로든 자본주의 리얼리즘이 비일관적이고 방어될 수 없음을 보여 줄 때만, 다시 말해 자본주의의 표면적인 '리얼리즘'에 리얼리즘 같은 것은 없음을 드러낼 때만 그것을 위태롭게 만들 수 있다.

'현실주의적'realistic이라 간주되는 것, 사회적 장의 어떤 지점에서나 가능해 보이는 것은 당연히 일련의 정치적 규정에 의해 정의된다. 이데올로기적 입장은 자연화되기 전까지는 진정으로 성공할 수 없고 사실이 아니라 가치로 생각되는 동안에는 결코 자연화될 수 없다. 이에 따라 신자유주의는 바로 그 윤리적 의미에서의 가치라는 범주를 제거하고자 했다. 지난 30여 년 동안 자본주의 리얼리즘은 성공적으로 '비즈니스 존재론'을 확립해 왔으며, 이 존재론은 건강 관리와 교육을 포함해 사회의 모든 영역이 비즈니스로 운용되어야 한다는 것을 단순히 자명한 사실로 간주했다. 브레히트부터 푸코와 바디우에 이르기까지 상당수의 급진 이론가가 주장해 왔듯이 해방의 정치는 언제나 '자연적 질서'의 외양을 파괴해야 하며 필연적이고 불가피하다고 제시되는 것이 그저 우연적일 뿐임을 폭로해야 한다. 마찬가지로 이전에는 불가능하다고 여겨졌던 것을 성취 가능한 것으로 보이도록 만들어야 한다. 지금 현실적이라고 이야기되는 것이 한때는 '불가능한' 것이었음을 상기할 필요가 있다. 가령 1980년대 이후에 전개된 수

많은 민영화는 그 10년 전만 해도 생각하기 어려운 일이었다. 1975년에는 (무력화된 노동 조합, 민영화된 철도 및 공익 사업을 비롯한) 현재의 정치경제적 풍경을 거의 상상도 할 수 없었다. 역으로 한때 확실하게 가능했던 일이 이제는 비현실적이라 여겨지고 있다. 바디우가 신랄하게 언급하듯이 "근대화란 가능한 것에 대한 엄격하고도 맹목적인 정의를 가리키는 이름이다. 이러한 '개혁'의 목적은 한결같이 한때 (대개의 경우) 실행할 수 있었던 일을 불가능한 것으로 만들고 이전에는 그렇게 사용되지 않았던 것을 (소수의 지배 계층을 위해) 수익성 있게 만드는 것이다".[1]

이런 점에서 라캉주의 정신 분석학이 제시하는 기본적인 이론적 구별, 즉 실재the Real와 현실reality의 차이를 소개할 가치가 있다(최근에 이런 구별이 널리 통용되는 데는 지젝이 많은 역할을 했다). 알렌카 주판치치가 설명하듯이 정신 분석학은 현실 원칙을 정립하고, 이를 통해 스스로를 자연적인 것으로 제시하는 어떤 현실도 의심하도록 유도한다. 주판치치에 따르면

현실 원칙은 단순히 〔…〕 사물들이 어떻게 존재하는지와 연관된 어떤 종류의 자연적 방식이 아니다. 현실 원

---

1 Alain Badiou, *The Meaning of Sarkozy*, trans. David Fernbach, Verso, 2008, pp. 50~51.

칙 자체가 이데올로기적으로 매개된다. 그것이 이데올로기의 최고 형태를 구성한다고, 즉 자신을 경험적 사실 또는 (생물학적, 경제적…) 필연성으로 제시하는 (그리고 우리가 비이데올로기적인 것으로 지각하는 경향이 있는) 이데올로기를 구성한다고도 주장할 수 있을 것이다. 우리가 이데올로기의 작동에 대해 가장 주의해야 하는 것은 정확히 여기다.[2]

라캉에게 실재는 모든 '현실'이 반드시 억압해야 하는 것이다. 실제로 현실은 바로 이러한 억압을 통해 구성된다. 실재는 재현할 수 없는 X, 겉으로 드러난 현실의 장 내에 있는 균열과 비일관성 속에서만 엿볼 수 있는 어떤 트라우마적 공백이다. 그러므로 자본주의 리얼리즘에 대항하는 한 가지 전략은 자본주의가 우리에게 제시하는 현실의 기저에 있는 실재(들)를 환기시키는 것이다.

환경 재앙이 그러한 실재 중 하나다. 분명 어떤 층위에서 환경 문제는 자본주의 문화에서 '재현될 수 없는 공백'과는 거리가 멀어 보일 수 있다. 기후 변화나 자원 고갈 위험은 억압되기보다는 오히려 광고나 마케팅에 통합되고 있다. 환경 재앙에 대한 이런 처리는 자본주의 리얼리즘이 기대고 있는 환상 구조를 예증한다. 즉 자원은 무한하

---

2 알렌카 주판치치, 『정오의 그림자: 니체와 라캉』, 조창호 옮김, 도서출판b, 2005, 115~116쪽.

고, 지구 자체는 특정 시점에 자본이 허물처럼 벗어 버릴 수 있는 껍데기에 불과하며, 어떤 문제도 시장을 통해 해결할 수 있다고 전제하는 것이다(결국 「월-E」는 이러한 환상의 한 판본을 제시한다. 즉 자본은 무한히 팽창할 수 있고, 가령 지구 바깥에 있는 비행선인 액시엄에서 모든 노동을 로봇이 수행하듯 노동 없이도 자본이 증식할 수 있으며, 지구 자원의 고갈은 일시적인 결함일 뿐이어서 적절한 회복 기간을 거치면 자본이 지구를 사람이 살 만한 곳으로 만들어 재식민화할 수 있다는 식이다). 하지만 환경 재앙은 후기 자본주의 문화에서 일종의 시뮬라크르 형태로만 모습을 드러낼 수 있을 뿐이며, 그 재앙이 자본주의에 진정으로 함축하는 바는 너무나 트라우마적이어서 체계 내로 동화될 수 없다. 녹색 비판은 자본주의가 유일하게 존립 가능한 정치, 경제 체계가 결코 아니며 사실상 인간의 환경 전반을 파괴할 운명이라고 주장하기 때문에 중요하다. 자본주의와 생태 재앙의 관계는 우연하거나 부수적인 관계가 아니다. 자본의 "끊임없이 시장을 확장해야 할 필요", 자본의 "성장이라는 물신"은 자본주의가 바로 그 본성상 지속 가능성에 관한 어떤 통념과도 대립한다는 것을 드러내 준다.

그런데 녹색 쟁점들은 이미 논쟁적인 지대며 이미 정치화를 위한 싸움이 벌어지고 있는 장소다. 이제부터 나는 자본주의 리얼리즘이 품고 있는 두 개의 상이한 아포리아―비슷한 다른 종류의 문제들만큼 정치화되지는 않은―를 강조하고 싶다. 첫째는 정신 건강이라는 쟁점이다. 사실상 정신 건강은 자본주의 리얼리즘이 작동하는 방식을 전형적으로 보여 주는 사례다. 자본주의 리얼리즘은 악착스레 정신 건강을 날씨 같은 자연적 사실인 양 취급한다(그러나 다른 한편으로 이제는 날씨도 정치경제적 효과만큼이나 자연적 사실이 아니다). 1960~1970년대에 급진 정치 및 이론(로널드 데이비드 랭, 푸코, 들뢰즈와 가타리 등)은 정신 분열증 같은 극단적인 정신 질환에 주목하면서 가령 광기가 자연적 범주가 아니라 정치적 범주라고 주장했다. 그러나 지금 필요한 것은 훨씬 더 평범한 질환들의 정치화다. 정말이지 쟁점은 질환들의 바로 그 평범함이다. 예를 들어 영국에서는 이제 우울증이 대개 국민 보건 서비스NHS로 처리되고 있다. 올리버 제임스는『이기적 자본가』에서 점점 높아지는 정신적 고통의 비율과 영국, 미국, 오스트리아 같은 나라에서 실행된 신자유주의적 자본주의 양식의 연관성을 설득력 있게 정립했다.[3] 제임스의 주장을 따라 나는 자본주의 사회에서 점점 증대하는 스트레스(와 고통)의 문제를 재구성할 필요가 있다고 주장하고 싶다. 심리적 고통을 해결하는 문제를 개인들 스스로가 책임지도록 하는 대신, 다시 말해 지난 30년간 진행된 광범위한 스트레스의 개인화를 수용하는 대신 우리는 다음과 같이 물을 필요가 있다. 그토록 많

---

3 Oliver James, *The Selfish Capitalist*, Vermilion, 2008.

은 사람, 특히 그토록 많은 청년이 아프다는 사실을 어떻게 용인할 수 있게 되었는가? 자본주의 사회에서 '정신 건강 질환'이 유행한다는 사실은 자본주의가 제대로 작동하는 유일한 사회 체계이기는커녕 내재적으로 고장 나 있으며, 그것이 잘 작동하는 듯이 보이도록 만드는 비용이 아주 크다는 것을 시사한다.

강조하고 싶은 둘째 현상은 관료주의다. 신자유주의 이데올로그들은 사회주의에 반대하면서 종종 하향식 관료주의가 계획 경제에서나 볼 수 있는 제도적 경화증과 비효율성을 야기한다며 맹비난했다. 신자유주의의 승리와 더불어 관료주의는 한물간 것, 아쉬울 것 없는 스탈린주의적 과거의 유물로 여겨졌다. 하지만 이는 후기 자본주의에서 일하고 살아가는 사람 대부분의 경험과 상충한다. 이들에게 관료주의는 여전히 일상 생활의 커다란 일부다. 관료주의는 사라진 것이 아니라 형태가 변했으며, 이 새롭고 탈중심화된 형태를 통해 오히려 증식했다. 후기 자본주의에서 관료주의가 존속하고 있다고 해서 자본주의가 제대로 작동하지 않는다는 뜻은 아니다. 오히려 이런 존속은 자본주의가 실제로 작동하는 방식이 자본주의 리얼리즘이 제시하는 그림과는 아주 다름을 시사한다.

내가 정신 건강 문제와 관료주의에 특별히 초점을 맞추는 부분적인 이유는 이 둘이 점점 더 자본주의 리얼리즘의 명령이 지배하는 문화 영역인 교육을 묵직하게 특징짓고 있기 때문이다. 나는 지난 10년의 대부분을 연장 교육 학교[4] 강사로 일했으며, 이 책 뒷부분은 당시의 경험에 폭넓게 기대고 있다. 영국에서 연장 교육 학교들은 주로 노동 계급 출신 학생들이 정규적인 국가 교육 제도에 대한 대안을 원할 때 찾아가는 곳이었다. 연장 교육 학교들은 1990년대 초반에 지방 정부의 손을 떠난 이래 줄곧 '시장' 압력과 정부 주도 목표에 종속되어 왔다. 이 학교들은 교육 체계 및 나머지 공공 서비스 영역에서 펼쳐지게 될 변화의 선두에 있었다. 연장 교육 학교들은 신자유주의적 교육 '개혁'이 시험된 일종의 실험실이었으며, 그렇기에 자본주의 리얼리즘의 효과에 대한 분석을 시작하기에 완벽한 장소다.

4　영국 교육 제도에서 열여섯 살 전후로 중등 교육을 마친 학생 중 직업 자격 취득을 목표로 하는 이들은 연장 교육 학교Further Education College에서, 대학 진학을 목표로 하는 이들은 A 레벨A-level 과정에서 2~3년간 공부한다.

4

반성적 무기력, 안정 지향, 자유주의적 공산주의

1960~1970년대의 앞선 세대와 대조적으로 오늘날 영국 학생들은 정치와 유리된 것처럼 보인다. 프랑스 학생들이 거리에서 신자유주의에 항의하는 모습은 여전히 볼 수 있는 반면 영국 학생들은 상황이 비교가 안 될 만큼 나쁜데도 운명에 체념한 것만 같다. 그러나 내가 주장하고 싶은 것은 이것이 무관심이나 냉소주의가 아니라 반성적 무기력reflexive impotence의 문제라는 점이다. 이들은 사태가 나쁘다는 것을 알고 있다. 그러나 그 이상으로 자신이 할 수 있는 일이 아무것도 없다는 사실 또한 안다. 그런데 이런 '앎', 이런 반성성은 이미 존재하고 있는 상황에 대한 수동적인 관찰이 아니다. 그것은 어떤 자기 충족적 예언이다.

반성적 무기력은 영국 청년들 사이에 퍼져 있는 무언의 세계관에 다름 아니며 광범위한 병리 현상들과도 연관이 있다. 내가 함께했던 다수의 10대가 정신 건강 문제나 학습 장애를 안고 있었다. 우울증은 이들의 고질병이다. 우울증은 대개 국민 보건 서비스로 처리되는 질환이며 이로 인해 고통받는 연령대는 점점 더 낮아지고 있다. 다양한 양상의 난독증을 지닌 학생 수는 깜짝 놀랄 만큼 많다.

오늘날 영국의 후기 자본주의 사회에서 10대가 되는 것은 어떤 질병으로 재분류되는 것에 가깝다고 말해도 과장이 아니다. 이러한 병리화는 모든 정치화의 가능성을 미리 배제한다. 정신적 문제들이 개인화됨으로써, 즉 개인 신경계의 화학적 불균형 그리고/또는 가족 배경에 의해 야기되는 것인 양 취급됨으로써 사회 체계의 인과 관계에 대한 어떤 물음도 배제된다.

내가 만난 10대 학생 상당수는 내가 우울증적 쾌락 depressive hedonia이라 부르는 상태에 빠져 있는 듯 보였다. 일반적으로 우울증을 특징짓는 것은 무쾌락 상태다. 그러나 내가 말하는 상태는 쾌락을 얻지 못하는 무능이 아니라 쾌락을 추구하는 것 말고는 다른 무엇도 할 수 없는 무능으로 이루어져 있다. 학생들은 무언가가 빠져 있다고 느끼지만 오직 쾌락 원칙 너머에서만 이 누락된 불가사의한 향유에 접근할 수 있음을 감지하지는 못한다. 대개의 경우에 이는 학생들이 처한 모호한 구조적 위치의 결과로, 이들은 훈육 제도의 주체라는 옛 역할과 서비스 소비자라는 새로운 지위 사이에서 이러지도 저러지도 못하고 있다. 질 들뢰즈는 「통제 사회에 대하여」[1]라는 결정적인 에세이에서 미셸 푸코가 공장, 학교, 감옥 등의 폐쇄된 공간을 중심으로 조직되어 있다고 묘사했던 훈육 사회와 모

---

1 질 들뢰즈, 「통제 사회에 대하여」, 『대담 1972~1990』, 김종호 옮김, 솔, 1993.

든 제도가 분산형 조직에 착근되어 있는embedded 새로운 통제 사회를 구별하고 있다.

들뢰즈는 프란츠 카프카가 통제 사회에 전형적인 분산된 사이버네틱 권력의 예언자라고 올바르게 주장했다. 『소송』에서 카프카는 피고인에 대한 두 가지 유형의 무죄 판결을 중요하게 구별한다. 실질적인 무죄 판결은 한때 가능했다고 해도("우리는 무죄 판결의 사례를 전설적인 이야기로 전해지는 고대의 재판 사례에서만 볼 수 있지요") 더 이상은 가능하지 않다. 남아 있는 두 가지 선택지는 첫째, 피고인이 사실상 무죄 판결을 받지만 나중의 어느 불특정한 시점에 새로이 기소당할 수 있는 "표면적인 무죄 선고", 둘째, 두려운 최종 판결이 도래하지 않도록 피고인이 끝없이 계속되는 법률적 공방 과정에 참여하는(이 과정이 무한히 계속되기를 바라면서) "무한한 지연"이다.[2] 들뢰즈는 카프카, 나아가 푸코와 윌리엄 버로스가 윤곽을 그린 통제 사회가 무한한 지연을 활용하고 있다고 말한다. 가령 이제 교육은 평생 동안 이어지는 과정이 되었고, 일하는 삶이 지속되는 한 훈련도 지속된다. 또 사람들은 일거리를 집에 가져오며, 집에서 일하거나 반대로 일에서 집과 같은 편안함을 느끼기도 한다. 권력이 이처럼 '무한히 지연되는' 양식을 취함에 따라 외적인 감시는 내적인

---

2 이 내용은 프란츠 카프카, 『소송』, 권혁준 옮김, 문학동네, 2010, 188~190쪽에 나온다.

관리policing로 대체된다. 통제는 우리가 그것과 공모하는 한에서만 작동한다. 이로부터 버로스의 '통제 중독자'라는 인물상, 즉 통제하는 일에 푹 빠져 있지만 또한 불가피하게 통제에 내맡겨지고 지배당하는 자가 나온다.

내가 가르쳤던 학교의 어느 수업에든 참여해 보면 즉각 우리가 포스트훈육 체제 안에 들어서 있음을 파악할 수 있을 것이다. 푸코는 훈육이 엄격한 신체 자세의 주입을 통해 확립되는 방식을 공들여 열거했다. 그러나 우리 학교의 수업을 보면 학생들은 얼굴을 파묻은 채 책상에 엎드려 있고, 거의 항상 떠들고 있으며, 끊임없이 간식을 (때로는 정식을) 먹고 있다. 예전의 훈육적인 시간 분할은 붕괴하고 있다. 감금식 훈육 체계는 통제 테크놀로지 및 이 테크놀로지가 끝없이 소비되고 지속적으로 발전하는 체계에 의해 침식되고 있다.

학교의 재정 지원 체계는 학교가 원할 때조차 말 그대로 학생들을 거부할 형편이 안 된다는 사실을 드러내 준다. 재원은 학교들이 학업 성취(시험 결과), 학생 수, 출석이라는 목표를 얼마나 성공적으로 충족하는지를 기준으로 할당된다. 시장의 명령과 관료주의적으로 정의된 '목표'의 이 같은 결합은 현재 공공 서비스를 규제하고 있는 '시장 스탈린주의적' 실천의 전형적인 특징이다. 실질적인 훈육 체계로부터의 벗어남이 학생들의 자발성 증대로 이어지지 못했다는 것은 전혀 과장이 아니다. 학생들은 몇 주간 계속 수업에 참석하지 않아도 혹은 과제를 전혀 내지 않아도 특별한 제재를 받지 않으리라는 사실을 알고 있다. 이들은 계획을 세우고 추진하는 것이 아니라 쾌락적 (혹은 무쾌락적) 나른함에 빠져드는 식으로, 가령 기분 좋게 약에 취하거나 플레이스테이션 게임, 밤샘 텔레비전 시청, 마리화나 등이 제공하는 안락한 미몽에 빠져드는 식으로 이러한 자유에 반응한다.

학생들에게 두 문장 이상을 읽도록 해 보면 대부분—A 레벨 과정의 학생조차도—이 못 하겠다고 항의할 것이다. 교사들이 가장 빈번하게 듣는 불평은 따분하다는 것이다. 쟁점은 글의 내용이 아니다. 읽는 행위 자체가 '따분하다'고 여겨진다. 우리가 여기서 마주하는 것은 단순히 저 유서 깊은 10대의 귀차니즘torpor이 아니라 '너무 자극받아 집중할 수 없는' 문자 문화 이후의 '새로운 육체'New Flesh[3]와 퇴조하고 있는 훈육 체계의 제한과 집중 논리가 이루는 부조화다. 따분하다는 것은 문자 메시지, 유튜브, 패스트 푸드 등으로 구성된 소통의 감각–자극 매트릭스에서 동떨어져 있다는 것, 언제든 달콤한 만족감을 주는 부단한 흐름에서 차단되어 있다는 것을 의미한다. 어떤 학생들은 햄버거를 원하는 것과 같은 방식으로 니체를 원한다. 이들은 그 소화하기 힘듦, 그 어려움이 곧 니체라는 것을 파악하지 못하며 소비 체계의 논리는 이러한 오해를 부추긴다.

---

3 데이비드 크로넨버그의 영화 「비디오드롬」에 나오는 표현.

사례를 들어 보자. 나는 한 학생에게 수업 시간에 항상 헤드폰을 쓰고 있는 이유가 무엇인지 따져 물었다. 그의 대답은 자신이 실제로는 어떤 음악도 재생하고 있지 않기 때문에 문제가 되지 않는다는 것이었다. 다른 수업에서 이 학생은 착용하지 않은 헤드폰을 통해 낮은 볼륨으로 음악을 재생하고 있었다. 음악을 꺼 달라고 요구하자 그는 음악이 들리지도 않는다고 대답했다. 음악을 재생하지 않는데 헤드폰을 착용하고 있는 이유는 무엇이며 헤드폰을 착용하지도 않으면서 음악을 재생하는 이유는 무엇일까? 귀에 걸려 있는 폰의 현전 혹은 (들을 수 없을지라도) 음악이 재생되고 있다는 사실에 대한 앎이 매트릭스가 손 뻗으면 닿을 거기에 여전히 있으리라고 안심시켜 주기 때문이다. 게다가 상호 수동성이라는 차원에서 보면 그가 들을 수 없을 때도 음악이 계속 재생된다는 사실은 재생 장치가 그를 대신해 여전히 음악을 즐길 수 있음을 의미한다. 여기서 헤드폰의 용도는 의미심장하다. 말하자면 팝은 이제 공적 공간에 충격을 주는 무언가로 경험되는 것이 아니라 사적인 '오이디팟적'Oedlpod 행복감에 안주하는 소비자의 경험, 사회적인 것을 피해 집 안에 틀어박히는 경험으로 다가온다.

엔터테인먼트 매트릭스에 걸려들면 초조해하고 불안해하는 상호 수동성, 전념하거나 집중하는 데 있어서의 어려움이 뒤따른다. 학생들은 현재의 집중력 부족을 미래의 실패와 관련짓지 못하고 시간을 하나의 일관된 서사로

종합하지 못하는데 이는 단순한 의욕 상실 이상의 징후를 의미한다. 사실 그것은 놀라울 만큼 제임슨이 「포스트모더니즘과 소비 사회」[4]에서 제시한 분석을 연상시킨다. 이 글에서 제임슨은 정신 분열증에 대한 자크 라캉의 이론이 새롭게 등장한 엔터테인먼트-산업 복합체에 직면해 주체성이 파편화된 현상을 이해하도록 돕는 "시사적인 미학적 모델"을 제공한다고 서술한다. 제임슨의 요약에 의하면 "의미화 사슬의 붕괴와 더불어 라캉적 정신 분열증은 순수한 물질적 기표들에 대한 경험, 달리 말하면 순수하고 서로 무관한 일련의 현재들에 대한 경험으로 환원된다".[5] 제임슨은 1980년대 말, 즉 내가 가르치는 학생 대부분이 태어난 시기에 이 글을 썼다. 우리가 지금 교실에서 대면하는 학생들은 저 무역사적이고 반기억적인 블립 문화blip culture에서 태어난 세대다. 다시 말해 이들의 경험에서 시간은 언제나 디지털의 극소 조각들로 이미 잘려 있었다.

훈육을 대표하는 인물이 노동자-수감자라면 통제를 대표하는 인물은 채무자-중독자다. 사이버 공간의 자본은 사용자를 중독시키면서 작동한다. 『뉴로맨서』에서 케

4 프레드릭 제임슨, 「포스트모더니즘과 소비 사회」, 할 포스터 엮음, 『반미학』, 윤호병 외 옮김, 현대미학사, 1993.

5 제임슨, 「문화: 후기 자본주의 문화 논리」, 『포스트모더니즘, 혹은 후기 자본주의 문화 논리』, 임경규 옮김, 문학과지성사, 2022, 80~82쪽.

이스와 여타 사이버 공간 카우보이가 매트릭스와의 접속이 끊기면 피부 아래로 벌레들이 기어 다니는 듯이 느끼도록 설정했을 때 윌리엄 깁슨은 이를 알고 있었다(케이스의 암페타민 복용 습관은 훨씬 더 추상적인 속도에 대한 중독의 대체물임이 분명하다).[6] 그러므로 주의력 결핍 과잉 행동 장애 같은 무언가가 병리 현상이라면 그것은 후기 자본주의의 병리 현상이다. 즉 하이퍼미디어 소비 문화의 엔터테인먼트-통제 회로에 몰입한 결과다. 유사하게 난독증이라 불리는 것은 많은 경우 어떤 포스트렉시아[7]에 해당할지도 모른다. 10대들은 독해할 필요 없이 자본의 이미지 기반 데이터를 아주 효율적으로 다룬다. 넷-모바일-잡지의 정보를 찾아 돌아다닐 때는 표어만 살펴도 충분하기 때문이다. 들뢰즈와 가타리는 『안티 오이디푸스』에서 다음과 같이 주장했다. "글쓰기는 결코 자본주의적인 것이 아니다. 자본주의는 심오하게 반문자적이다. 전자 언어는 목소리나 글쓰기의 방식을 따라가지 않는다. 데이터 처리 과정은 그것 둘 없이 행해진다."[8] 그러므로 성공한 수많은 사업가가 난독증인 것도 이유가 있는 셈이

---

6 윌리엄 깁슨, 『뉴로맨서』, 김창규 옮김, 황금가지, 2005.
7 '렉시아'lexia는 하나나 일련의 단어를 통해 의미 작용을 하는 최소 단위로서, 엄밀한 의미의 독해는 분절할 수 있는 이 렉시아에 기반한다고 할 수 있다. 이런 독해가 오늘날 직관적인 전체를 통한 소통과 인식으로 대체되는 변화를 지은이는 '포스트렉시아'라는 용어로 포착하고 있다.

다(그런데 이 사업가들의 포스트렉시아적 효율성은 그들이 성공할 수 있었던 원인인가 아니면 결과인가?).

　지금 교사들은 후기 자본주의적 소비자라는 문자 이후의 주체성과 훈육 체제의 요구(시험을 통과하기 등)를 매개해야 한다는 참을 수 없는 압력에 시달리고 있다. 교육이 '현실 세계'에 면역된 안전한 상아탑이기는커녕 자본주의의 사회적 장에 내재한 비일관성을 직접 대면하면서 사회 현실을 재생산하는 기관실이 되는 것도 이 때문이다. 교사들은 조력자-엔터테이너 역할과 훈육자-권위주의자 역할 사이에서 이러지도 저러지도 못하고 있다. 교사들은 학생이 시험을 통과할 수 있도록 돕고 싶어 한다. 학생들은 우리가 자신에게 해야 할 일을 말해 주는 권위 있는 인물이 되기를 원한다. 학생들에게 권위 있는 인물로 호명되는 교사들은 '따분함'의 문제를 가중시킨다. 권위의 자리에서 오는 어떤 것도 선험적으로 따분하니 말이다. 아이러니하게도 정확히 훈육 구조들이 제도적으로 붕괴하고 있는 바로 이 순간에 그 어느 때보다 더 교육자에게 훈육자 역할이 요구되고 있다. 맞벌이하도록 내모는 자본주의의 압력에 가족이 굴복하게 됨에 따라 점점 더 교사들은 대리 부모 역할을 통해 학생들에게 가장 기본적인 행동 규약들을 심어 주고 최소한도로만 사회화되어 있

8　질 들뢰즈, 펠릭스 과타리, 『안티 오이디푸스: 자본주의와 분열증』, 김재인 옮김, 민음사, 2014, 407, 409쪽.

는 10대들에게 사목적이고 정서적인 지지를 제공할 의무를 짊어진다.

내가 가르친 학생 중 누구도 학교에 다녀야 할 법적 의무를 지고 있지 않았다는 점을 강조할 필요가 있다. 이들은 원하면 떠날 수 있었다. 그러나 의미 있는 취업 기회의 부족과 냉소만 불러오는 정부 정책은 학교가 더 손쉽고 안전한 선택지처럼 보이게 만든다. 들뢰즈는 통제 사회가 감금이 아니라 부채에 기반하고 있다고 말한다. 그러나 어떤 점에서 현재의 교육 체계는 학생들이 부채에 시달리도록 만드는 동시에 그들을 감금하기도 한다. 이 논리는 다음과 같다. 당신의 착취에 돈을 지불하라, 즉 빚을 내 학교에 가라, 그러면 열여섯에 학교를 떠났더라도 쉽게 얻었을 그 맥잡McJob을 구할 수 있을 것이다.

제임슨은 "시간성의 붕괴는 시간성에 초점에 맞추고 그것을 실천의 공간으로 만드는 모든 활동과 지향성에서 현재의 시간을 갑작스레 해방시킨다"고 언급했다.[9] 그러나 옛 형태의 실천이 이루어졌던 맥락에 대한 향수는 분명 아무 도움도 되지 않는다. 이것이 프랑스 학생들도 결국 영국의 반성적 무기력에 대한 대안이 되지 못하는 이유다. 신자유주의 성향의 『이코노미스트』가 자본주의에 대한 프랑스인들의 저항을 조소한 것은 그다지 놀라운 일

---

9 제임슨, 「문화: 후기 자본주의 문화 논리」, 『포스트모더니즘, 혹은 후기 자본주의 문화 논리』, 83쪽.

이 아니지만, 이 저널이 프랑스의 '안정 지향'immobilization 을 조롱한 것에는 어떤 핵심이 있다. 『이코노미스트』는 2006년 3월 30일 자 사설에서 다음과 같이 쓰고 있다.

확실히 최근에 저항을 개시한 학생들은 부모 세대가 샤를 드골을 놀라게 했던 1968년 5월의 사건을 자신들이 재연하고 있다고 생각하는 듯 보였다. 그들은 슬로건 ('포석 아래 해변이!'Beneath the cobblestones, the beach!)[10] 을 빌려 왔으며, 상징(소르본 대학)을 가로채 이용했다. 이런 의미에서 학생들의 반란은 2005년 정부가 즉각 비상 사태를 선포하도록 만들었던 교외 폭동의 자연스러운 후속편처럼 보인다. 교외 폭동 당시에 자신을 배제하는 체계에 대항해 저항했던 세력은 실업 상태에 처한 소수 민족 출신 하층 계급이었다. 하지만 최근의 저항 운동에서 나타나는 두드러진 특징은 저항 세력이 이번에는 보수주의 편에 서 있다는 것이다. 방리유에서 폭동을 일으킨 청년들과 달리 이 학생 및 공공 부문 노조 들의 목적은 변화를 막는 것이며 프랑스를 지금대로 유지하는 것이다.

10 68년 5월 파리에서 보도블록을 깨뜨려 바리케이드를 세우고 공권력과 맞서는 무기로 사용하며 나온 구호. 도로를 포장하는 데 쓰인 포석(자갈)을 뜯어내면 모래가 나오는 상황을 해변이라는 아름다운 세상이 도래하는 것으로 표현한 중의적인 문구다.

수많은 안정 지향자immobilizer의 실천이 스스로를 68의 계승자로 여기는 또 다른 집단—즉 탐욕스러운 이윤 추구를 생태학적 관심이나 사회적 책임에 관한 수사학과 결합하는 조지 소로스나 빌 게이츠 등의 이른바 '자유주의적 공산주의자들'liberal communists—의 실천과 일종의 거울상을 이루고 있다는 점이 인상적이다. 자유주의적 공산주의자들은 사회 문제에 관심을 보이는 동시에 노동 관행이 '스마트해지기'being smart라는 개념에 발맞추어 (포스트)모던화되어야 한다고 믿는다. 슬라보예 지젝은 다음과 같이 설명한다.

스마트해진다는 것은 역동적이고 유목적인 태도로 중앙 집권적 관료주의에 반대한다는 것을 의미한다. 달리 말해 중심적 권위에 저항하는 대화와 협력, 판에 박은 일상을 거부하는 유연성, 공업 생산을 대신하는 문화와 지식, 고정된 위계에 저항하는 자율적인 상호 작용 및 자가 생산 등을 신뢰하는 것을 의미한다.[11]

자본주의에 저항할 수는 있지만 극복할 수는 없다고 암묵적으로 인정하는 안정 지향자들과 자선으로 자본주의의 비도덕적 과잉을 상쇄해야 한다고 주장하는 자유주

11   Slavoj Žižek, "Nobody has to be vile", *London Review of Books*, Vol. 28 No. 7, 6 April 2006.

의적 공산주의자들을 함께 생각해 보면 자본주의 리얼리즘이 현재의 정치적 가능성들을 제한하는 방식을 알 수 있다. 안정 지향자들이 68 스타일의 저항 형태를 유지하지만 변화에 대한 반대라는 명목으로 그렇게 한다면, 자유주의적 공산주의자들은 열정적으로 새로움을 수용한다. 지젝이 올바르게 주장하듯이 자유주의적 공산주의는 공식적인 자본주의 이데올로기를 진보적인 방향으로 바로잡기는커녕 오늘날 자본주의의 지배 이데올로기를 이루고 있다. '유연성', '노마디즘', '자발성' 등은 포스트포드주의적 통제 사회에서 볼 수 있는 경영의 주된 특징이다. 그러나 문제는 유연성과 탈중심화에 대한 어떤 반대도 자기 패배적인 것이 될 위험이 있다는 점인데, 왜냐하면 아무리 봐도 비유연성과 중심화에 대한 요청이 자극을 줄 것 같지는 않기 때문이다.

어느 경우든 '새로운 것'에 대한 저항은 좌파가 힘을 모을 수 있거나 모아야 하는 대의가 아니다. 자본은 어떻게 해야 노동을 무너뜨릴 수 있을지 세심하게 주의를 기울였다. 이에 반해 포스트포드주의 상황에서 자본에 대항하는 어떤 전술이 운용될 수 있을지, 나아가 그러한 상황을 다루기 위해 어떤 새로운 언어가 창안될 수 있을지는 아직 충분히 사고되지 못했다. '새로운 것'에 대한 자본주의의 전유와 싸우는 것은 중요하다. 그렇지만 '새로운 것'을 되찾는 일이 우리가 처한 상황에 적응하는 문제일 수는 없다. 적응에 관해서라면 우리는 제법 잘해 왔으며 또 '성공적인 적응'은 관리주의의 탁월한 전략이니 말이다.

알랭 바디우와 데이비드 하비는 모두 신자유주의를 집요하게 '복고'Restoration라는 용어와 연관 지음으로써 자본을 참신함과 연관 짓는 방식에 중대한 교정을 가한다. 두 사람이 보기에 신자유주의 정치는 새로운 것이 아니라 계급 권력 및 특권으로의 복귀와 관련되어 있다. 바디우는 다음과 같이 말한다. "프랑스에서 '복고'는 프랑스 혁명과 나폴레옹 이후인 1815년에 왕이 복귀했던 시기를 가리킵니다. 우리가 바로 그러한 시기에 있죠. 오늘날 우리는 자유주의적 자본주의와 그 정치적 체계인 의회주의를 유일하게 자연적이고 수용 가능한 해결책으로 간주하고 있습니다."[12] 하비는 신자유주의화가 "자본 축적의 조건들을 재확립하고 경제 엘리트의 권력을 만회하기restore 위한 정치적 기획"으로 가장 잘 인식될 수 있다고 주장한다.[13] 그는 일반적으로 '포스트정치적'이라 묘사되는 시대에도 계급 전쟁은 지속된다는, 하지만 부유한 자들에 의해 일방적으로 전개된다는 사실을 입증한다. 하비는 다음과 같이 밝힌다.

1970년대 후반에 신자유주의 정치가 실행된 이후 상위

12 Christoph Cox, Molly Whalen and Alain Badiou, "On Evil: An Interview with Alain Badiou", *Cabinet*, Issue 5, Winter 2001~2002.

13 데이비드 하비, 『신자유주의』, 최병두 옮김, 한울, 2007, 36쪽.

1퍼센트의 개인 소득자들이 국민 소득에서 차지하는 몫은 지난 세기 말에 〔…〕 15퍼센트에 달할 정도로 급증했다. 미국에서 상위 0.1퍼센트의 개인 소득자들이 국민 소득에서 차지하는 몫은 1978년에 2퍼센트였으나 1999년경에는 6퍼센트 이상으로 증가했다. 한편 노동자들의 평균치 보수에 대한 CEO들의 보수 비율은 1970년에 30배가 조금 넘는 정도였으나 2000년경에는 거의 500배에 달하도록 증가했다. 미국에서만 이런 것이 아니다. 영국에서 상위 1퍼센트의 개인 소득자들이 국민 소득에서 차지하는 몫은 1982년 이래 6.5퍼센트에서 13퍼센트로 두 배 늘었다.[14]

하비가 보여 주듯 신자유주의자들은 레닌주의자들보다 더한 레닌주의자인바, 이들은 자본주의 리얼리즘이 번성하도록 이데올로기적 분위기를 창출하는 지식인 전위 부대로 싱크 탱크를 운용한다.

포드주의/훈육 체제의 유지를 요구하는 안정 지향 모델은 영국이나 이미 신자유주의에 장악된 나라들에서는 작동할 수 없었다. 영국에서 포드주의는 명백하게 붕괴했고, 그와 더불어 옛 정치가 조직되었던 장소들도 무너졌다. 통제에 관한 에세이의 끝 부분에서 들뢰즈는 반통제 정치가 취할 수 있는 새로운 형태가 무엇일지 묻는다.

14 하비, 『신자유주의』, 33~36쪽.

가장 중요한 물음 중 하나는 노동 조합의 무능화일 것이다. 자신의 역사 내내 훈육에 맞선 투쟁 혹은 울타리 안에서 벌어진 투쟁과 연관되어 있던 노동 조합은 통제 사회에 적응할 수 있을까, 아니면 새로운 저항 형태에 자리를 내주게 될 것인가? 마케팅이 약속하는 향락을 공략할 수 있는 장래의 저항 형태들을 지금부터 그려 볼 수는 없을까? 기이하게도 수많은 청년이 '동기'를 부여받기를 원한다. 이들은 수습 제도와 평생 교육을 다시 요청하고 있다. 자신이 무엇에 이용되고 있는지를 알아내는 것은 그들 자신의 몫이다. 선배들이 어렵사리 훈육의 궁극 목적을 알아냈듯이 말이다.[15]

동기 부여/동기 상실의 이분법에서 벗어날 수 있는 길, 따라서 통제 프로그램과의 탈동일시가 낙담에 빠진 무관심과는 다른 무언가로 등록될 수 있는 길을 발견해야 한다. 가능한 전략 하나는 정치의 영역을 옮겨 놓는 것이다. 가령 임금 인상에 초점을 맞추던 노동 조합의 전통적인 방식에서 벗어나 포스트포드주의에 고유한 불만의 형태에 개입하는 것이다. 이를 더 분석하기 전에 우리는 포스트포드주의가 실제로 무엇인지 더 깊이 숙고해야 한다.

15 들뢰즈, 「통제 사회에 대하여」, 『대담』, 204~205쪽.

5

1979년 10월 6일
"어디에도 정 붙이지 마"

마이클 만의 1995년 영화 「히트」에서 범죄 조직의 보스인 닐 매콜리는 이렇게 말한다. "언젠가 한 녀석이 내게 말했어. 위기를 느꼈을 때 30초 내에 털어 버리지 못할 일에는 정 붙이지 말라더군." 포드주의와 포스트포드주의의 차이를 파악하는 간편한 방법 중의 하나는 이 영화를 프랜시스 포드 코폴라와 마틴 스코세이지가 1971~1990년에 만들었던 갱스터 영화와 비교해 보는 것이다. 「히트」에서 보복을 행하는 자는 고국과 연결되어 있는 가문의 구성원이 아니라 LA에서 정처 없이 떠도는 패거리다. 이 LA에는 반들거리는 크롬 제품과 교체 가능한 디자이너 주방, 특색 없는 고속 도로와 심야 간이 식당 등이 자리를 차지하고 있다. 「대부」나 「좋은 친구들」 같은 영화가 의존하던 지역적 특색, 요리의 풍미, 특유의 문화적 언어는 모두 덧칠되고 재단장되었다. 「히트」의 로스앤젤레스는 랜드 마크 없는 세계, 유명 브랜드 간판이 무질서하게 늘어선 공간이다. 지역적 특색을 보여 주던 공간은 점점 자기 복제하는 체인점만 끝없이 반복되는 풍경으로 대체되었다. 스코세이지와 코폴라의 거리를 어슬렁거리던 옛 유럽의 유령들은 추방되었고, 유서 깊은 쇠고기 요리, 원한, 불타는 피의 복수와 함께 다국적 커피숍들 아래 어딘가에 매장되었다. '닐 매콜리'Neil McCauley라는 이름에 주의를 기울여 보면 「히트」의 세계에 대해 많은 것을 이해할 수 있다. 그것은 익명의 이름, 가짜 여권의 이름, 역사가 없는 이름이다(아이러니하게도 이 이름은 영국의 역사가인 토머스 배빙턴 매콜리 경의 이름을 상기시킨다). '코를레오네'라는 이름과 비교해 보라. 그리고 그 대부의 이름이 한 마을의 이름을 따서 지은 것이라는 사실을 떠올려 보라. 로버트 드니로가 연기한 매콜리는 아마 배우 자신의 개인적 성격과 아주 비슷할 것이다. 하나의 스크린, 암호, 깊이를 알 수 없는, 냉정하고 전문가적인, 완벽한 준비, 연구, 메소드 연기("나는 내가 가장 잘하는 일을 한다") 등등. 매콜리는 마피아 보스가 아니다. 그는 가톨릭 교회의 규약만큼이나 장엄하고 신비한 규약들이 지배하며 무수한 반목을 거치면서 피로 쓰인 바로크적 위계 질서의 꼭대기에 앉아 자만하는 우두머리가 아니다. 그의 일당은 전문가, 직접 행동에 나서는 사업가-투기꾼, 범죄 기술자로, 이들의 신조는 마피아 조직인 코사 노스트라의 가족적 충성심과 정확히 반대를 이룬다. 알 파치노가 연기한 투지 넘치는 형사 빈센트 해나에게 매콜리가 말하듯 이런 상황에서 가족 간의 유대는 유지될 수 없다. "나를 잡으려고 내가 움직일 때마다 따라다니고도 결혼 생활을 유지할 수 있겠어?" 해나는 매콜리의 그림자 같은 존재며, 매콜리의 비실체성, 그의 끊임없는 이동성을 받아들이지 않을 수 없다. 매콜리 일당은 마치 주주 집단처럼 미래 수익에 대한 전망을 통해 결합되어 있다. 그 외의 유대는 모두 선택에 따른 추가적 관계며 대부분 위험 부담이 크다. 이 일당의 관계는 임시적이고 실용적이며 수평적이다. 이들은 자신이 교체 가능한 기계 부품이라는 것을, 무엇도 보장받을 수 없고 아무것도 지속되지 않으리라는 것을 알고 있다. 이와 비교하면「좋은 친구들」의 악당들은 사라져 가는 공동체, 운이 다한 영역에 뿌리를 두고 정착 생활을 하는 감상주의자처럼 보인다.

매콜리가 대변하는 에토스는 노동의 포스트포드주의적 재조직화가 초래한 정서의 변화에 대한 기념비적 연구서인『신자유주의와 인간성의 파괴』에서 리처드 세넷이 고찰하고 있는 것과 일치한다. 새로운 상황을 요약해 주는 슬로건은 '장기적인 것은 없다'no long term다. 예전에는 노동자들이 일체의 기술을 습득하고 엄격하게 조직화된 위계 질서하에서 진급을 기대했다면 이제 이들은 끊임없이 이 회사 저 회사, 이 역할 저 역할을 오가며 주기적으로 새로운 기술을 배우도록 요구받고 있다. 노동 구조가 탈중심화되고 수평적 네트워크가 피라미드식 위계 질서를 대체하면서 '유연성'이 특히 중요해졌다.「히트」에서 매콜리가 해나에게 퍼붓는 조롱("결혼 생활을 유지할 수 있겠어?")에 호응하듯 세넷은 영구적인 불안정성이라는 이러한 상황이 가족의 삶에 부과하는 참을 수 없는 스트레스를 강조한다. 가족의 삶이 기대는 가치인 의무, 신뢰, 헌신 등은 정확히 새로운 자본주의에서 철 지났다고 여겨지는 것들이다. 하지만 공적 영역이 공격받고 '보모 국가' Nanny State[1]가 제공하던 안전망들이 분해됨에 따라 가족은 항구적인 불안정성이 지배하는 이 세계의 압력에서 일시적으로 벗어날 수 있는 중요한 장소가 되고 있다. 포스트포드주의적 자본주의에서 가족의 상황은 정확히 전통적인 마르크스주의가 예상했던 그 방식으로 모순에 처해 있다. 즉 자본주의는 가족을 (노동력을 재생산하고 돌보는 본질적인 수단으로, 무정부적인 사회경제 상황이 야기한 심리적 상처를 치유하는 방책으로) 요구하고 있다. 자신이 (부모가 자녀와 함께 시간을 보낼 수 없게 만들고, 부부를 서로에게 정서적인 위안을 주는 유일한 존재로 만들어 그들에게 참기 힘든 스트레스를 부과하면서) 가족을 침식해가는 그 순간에 말이다.

마르크스주의 경제학자인 크리스티안 마라치에 의하면 포드주의에서 포스트포드주의로의 전환이 이루어진 날을 정확하게 지정할 수 있다.[2] 그날은 1979년 10월 6일로, 연방 준비 제도 이사회가 지금 우리가 얽혀 있는 '경제적 현실'을 구성하게 될 '공급 중시 경제학'으로 나아가는

---

1   복지 국가를 두고 국가가 사회를 보모처럼 돌본다며 비꼬는 용어.

길을 준비하면서 금리를 20퍼센트 선까지 올린 날이다. 금리 상승은 인플레이션을 억제했을 뿐 아니라 생산 및 분배 수단의 새로운 조직화를 가능케 했다. 포드주의적 생산 라인의 '엄격함'은 오늘날 모든 노동자의 등골을 오싹하게 만드는 단어인 새로운 '유연성'에 자리를 내줬다. 이 유연성을 정의한 것은 자본과 노동의 탈규제였고, 그 결과 (갈수록 더 많은 노동자가 한시적으로만 고용되는) 노동 인구의 임시직화와 아웃소싱화가 진행되었다.

세넷과 마찬가지로 마라치도 점점 더 새로운 상황이 노동 환경의 사이버네틱화를 요구하며 또 그로부터 출현했다는 것을 인식하고 있다. 포드주의적 공장에서는 블루 칼라 노동과 화이트 칼라 노동이 노골적으로 구분되었고, 건물 구조 자체가 이런 상이한 유형의 노동을 분리했다. 관리자와 감독관이 감시하는 시끄러운 환경에서 일해야 했던 노동자들은 휴식 시간이나 화장실에 갈 때, 일과가 끝난 후 혹은 파업에 참여할 때만 언어에 접근할 수 있었다. 의사 소통이 생산을 방해했기 때문이다. 그러나 조립 라인 대신 '정보의 흐름'이 들어선 포스트포드주의에서 사람들은 의사 소통을 통해 일한다. 노버트 위너가 가르쳐 주었듯이 의사 소통과 통제는 서로를 수반한다.

일과 삶은 분리할 수 없게 되었다. 자본은 우리가 꿈꿀

2   여기서 지은이는 2005년 6월 2일에 런던 골드스미스 대학에서 열린 강연인 Christian Marazzi, "Finance, Attention and Affect"를 언급하고 있다.

때 우리를 쫓는다. 시간은 더 이상 선형적이지 않으며, 무질서해지고 점 형태로 분할되었다. 생산과 분배가 재구조화됨에 따라 신경계도 재구조화되고 있다. 적기 생산의 한 요소가 되어 효율적으로 기능하려면 우리는 예견할 수 없는 사건에 대응하는 능력을 발달시켜야 하고 전면적인 불안정성 혹은 기괴한 신조어인 '프리캐러티'precarity[3] 상황에서 사는 법을 배워야 한다. 취업 상태와 실업 상태가 번갈아 이어진다. 대체로 우리는 일련의 단기 일자리에 고용되어 있어 미래를 계획할 수 없는 처지다.

마라치와 세넷 둘 다 부분적으로는 노동자들의 욕망이 안정적인 노동의 와해를 초래했다고 언급한다. 당연한 일이지만 같은 공장에서 40년 동안 일하기를 원하지 않았던 것은 바로 노동자들이었다. 자본은 판에 박은 포드주의적 노동에서 해방되려는 욕망을 동원하고 부추겼으며, 여러 면에서 좌파는 이로 인한 곤경을 결코 벗어나지 못했다. 특히 영국에서 전통적으로 노동 계급을 대표해 온 노동 조합 및 노조 지도자들은 포드주의가 자신과 상당히 죽이 잘 맞는다는 것을 알았다. 포드주의가 지닌 적대의 확고함 덕분에 이들은 제 역할을 보장받을 수 있었다. 그러나 그 결과 포스트포드주의적 자본의 옹호자들은 손쉽게 스스로를 현 상태에 대한 대항 세력으로 내세웠으며,

---

3 '불안정한'이나 '불확실한'을 의미하는 형용사 precarious에서 나온 신조어. 노동과 가정 생활 등이 점점 더 파편화되고 불안정해진 상황을 가리키는 표현이다.

관성적인 노동 조직이 노조 지도자와 정치인의 목적에 봉사할 뿐 자신이 대의한다고 주장하는 그 계급에 희망을 주지 못하고 결실 없는 이데올로기적 적대에만 '무의미하게' 몰두한다며 과감하게 저항할 수 있었다. 적대는 이제 외적으로 계급 블록 사이의 대결에 놓여 있는 것이 아니라 내적으로, 즉 한 명의 노동자로서 옛 스타일의 계급 갈등에 관심이 있지만 또한 연기금에 가입한 자로서 자신의 투자 수익을 최대화하는 일에도 관심이 있는 노동자의 심리학에 위치해 있다. 식별할 수 있는 외부의 적은 더 이상 없다. 결과적으로 포스트포드주의하의 노동자들은 『구약 성서』에 나오는 '노예의 집'을 떠난 후의 유대인과 비슷해졌다고 마라치는 주장한다. 속박 상태에서 해방되어 그곳으로 되돌아갈 마음은 전혀 없지만 또한 사막에 버려지고 좌초해 있기에 갈팡질팡한다는 것이다.

개인들의 내면에서 몰아치는 심리적 갈등은 상처를 내지 않을 수 없다. 마라치는 양극성 장애의 증가와 포스트포드주의의 연관성을 연구하고 있다. 들뢰즈와 가타리가 주장하듯이 정신 분열증이 자본주의의 바깥 테두리를 표지해 주는 상태라면, 양극성 장애는 자본주의의 '내부'에 고유한 정신 질환이다. 호황과 불황을 끝없이 오가는 자본주의는 그 자체로 근본적이고 환원 불가능하게 양극성이어서 흥분 상태의 조증('버블 사고'bubble thinking의 비합리적 과열)과 우울증적depressive 침잠 사이에서 주기적으로 휘청거린다(당연히 '경제 불황'economic depression이라는 용어는 우연이 아니다). 자본주의는 다른 어떤 사회 체계에서도 전례가 없었을 정도로 사람들의 기분에 의존하고 그것을 재생산한다. 망상과 자기 확신이 없으면 자본주의는 제대로 기능할 수 없다.

대략 1750년(즉 산업 자본주의의 시작) 이후로 조용하고 은밀하게 퍼져 온 '보이지 않는 돌림병'인 정신적, 정서적 장애는 포스트포드주의와 더불어 새로운 수준의 극심함에 도달한 듯 보인다. 여기서는 올리버 제임스의 연구가 중요하다. 제임스는『이기적 자본가』에서 지난 25년 동안 '정신적 고통'의 비율이 의미심장하게 높아졌다고 지적한다. 그는 다음과 같이 보고한다.

대부분의 평가 기준에서 〔정신적〕 고통의 비율은 1970년생(2000년에 30살이 된)이 1946년생(1982년에 36살이 된)의 두 배였다. 예를 들어 1982년에 36살이 된 여성 중 16퍼센트가 '긴장, 무기력, 우울증으로 인한 고통'을 겪고 있다고 보고되었지만, 2000년에 30살이 된 여성들은 29퍼센트가 동일한 증상을 앓고 있다고 보고되었다 (남성의 경우 1982년에는 8퍼센트, 2000년에는 13퍼센트였다).

제임스가 인용하는 또 다른 영국의 연구는 1977년과 1985년에 표본 집단을 통해 정신적 이상 상태(신경증, 공포증, 우울증을 포함하는)의 정도를 비교했다. "1977년에는 표본 집단의 22퍼센트가 정신적 이상 상태에 있는 것으로 보고되었으나, 1986년에는 인구의 거의 3분의 1(31퍼센트) 수준까지 높아졌다." 이 비율이 다른 자본주의 국가보다 자신이 '이기적' 자본주의라 부르는 것을 실행해 온 나라에서 훨씬 더 높기 때문에 제임스는 비난해야 할 대상이 바로 이기적인 (즉 신자유주의화된) 자본주의 정책과 문화라는 가설을 세웠다. 특히 그는 이기적 자본주의가 "성취에 대한 열망과 기대"를 부추기는 방식을 지적한다.

기업가적 환상 사회에서는 누구나 앨런 슈거나 빌 게이츠가 될 수 있다는 망상이 조성되며, 실제로 이런 일이 일어날 공산이 1970년대 이래 감소해 왔다는 사실, 가령 1958년에 태어난 사람은 1970년에 태어난 사람보다 교육 등을 통해 계급 상승을 이룰 개연성이 더 높았다는 사실은 무시된다. 웰빙에 가장 유해한 이기적 자본주의의 독소는 그것이 물질적인 풍요가 성취의 핵심이라는 생각을, 부유한 자만이 승자고 열심히 일할 의지만 있으면 가족, 인종, 사회적 배경 등에 상관없이 누구나 정상에 오를 수 있으며 성공하지 못한 이가 비난할 수 있는 사람은 자기 자신뿐이라는 생각을 체계적으로 조장한다는 것이다.

열망, 기대, 환상 등에 대한 제임스의 추정은 내가 영국의 청년들을 관찰하면서 '쾌락주의적 우울증'이라 부른 것과 잘 맞아떨어진다.

정신 질환의 비율이 상승하고 있는 이런 상황에서 세 번째 집권기 초반의 신노동당은 많은 사람을 능력 상실 급여Incapacity Benefit[4] 대상에서 배제하고 대부분은 아니더라도 상당수 청구인이 꾀병을 부린다고 암시했는데 그 효과는 강력했다. 신노동당의 가정과 달리 능력 상실 급여를 청구하는 200만 명 이상의 사람 대부분이 자본의 피해자라고 추론하는 것이 비합리적으로 보이지는 않는다. 가령 상당 비율의 청구인은 광산업 같은 산업이 더 이상 경제적으로 지속될 수 없다는 자본주의 리얼리즘의 주장이 초래한 결과로 인해 정신적 피해를 입은 이들이다(노골적인 경제적 측면에서 생각하더라도 '지속 가능성'이 없다는 논변은 설득력이 별로 없어 보인다. 특히 능력 상실 급여나 여타 급여에 드는 납세자의 비용을 고려하면 더욱 그렇다). 많은 사람이 끔찍하게 불안정한 포스트포드주의 상황을 견디지 못하고 무너진 것이다.

　현재의 지배적 존재론은 정신 질환의 사회적 인과성에 대한 어떤 가능성도 부정한다. 정신 질환의 화학-생물학화는 당연히 그것의 탈정치화로 이어진다. 정신 질환을

　4　영국에서 질병이나 장애 등으로 장기간 일을 할 수 없는 사람에게 일정하게 지급되는 급여 제도.

개인의 화학-생물학적 문제로 간주하면 자본주의는 어마어마한 이득을 얻게 된다. 첫째, 원자적 개인화(당신이 아픈 것은 당신 두뇌의 화학 작용 때문이다)를 향한 자본의 추진력을 강화한다. 둘째, 다국적 제약 회사에 엄청나게 수익성 높은 시장을 제공한다(우리는 선택적 세로토닌 재흡수 억제제SSRI로 당신을 치료할 수 있다). 모든 정신 질환은 신경학적으로 설명되지만 이 설명이 그것들의 인과 관계에 대해서는 아무것도 말해 주지 않는다는 점도 분명하다. 가령 우울증이 세로토닌 수치의 저하로 생기는 것이 사실이라 하더라도 왜 특정한 개인들의 세로토닌 수치가 낮은지는 여전히 설명되어야 할 문제다. 이는 사회적이고 정치적인 설명을 요구한다. 자본주의 리얼리즘에 도전하고자 하는 좌파에게는 정신 질환을 재정치화하는 것이 시급한 과제다.

정신적 고통의 발생 빈도가 증가하는 현상과 노동자의 성과를 평가하는 새로운 양식 사이에서 상응 관계를 보는 일이 공상적인 것 같지는 않다. 이제 이 '새로운 관료주의'를 들여다보자.

6

견고한 모든 것이
홍보 속으로 사라진다
시장 스탈린주의와 관료주의적 반생산

폴 슈레이더의 영화 「블루 칼라」(1978)가 70년대의 노사
관계를 예리하게 보여 주었다면, 부당하게 저평가된 마
이크 저지의 「사무실」(1999)[1]은 1990~2000년대의 일터
에 대해 그렇게 하고 있다. 저지의 영화는 노조 전임자들
과 공장 관리자 집단 사이의 대결 구도 대신에 생산성을
저해하는 행정으로 인해 경직되어 있는 한 기업을 묘사한
다. 가령 노동자들은 같은 내용을 전하는 메모를 상이한
관리자에게서 중복으로 받는다. 그 메모는 당연히 관료주
의적 관행과 연관된 것으로, 보고서에 '겉장'을 넣는 새로
운 절차를 준수하라고 권하는 내용을 담고 있다. '스마트
해지기'라는 에토스를 따르는 「사무실」의 경영 스타일은
셔츠 차림에 격식을 따지지 않는 태도와 은밀한 권위주의
가 혼합된 것이다. 저지는 이 같은 관리주의가 사무직 노
동자들이 쉬러 가는 기업형 커피 체인점들도 지배하고 있
음을 보여 준다. 영화에서 체인점의 직원들은 "개성과 창

---

1 국내에는 「뛰는 백수 나는 건달」이라는 제목으로 개봉했다.

조성"을 표현할 수 있는 "일곱 개의 장식물"(배지나 여타 개인적 징표)로 유니폼을 꾸미도록 요구받는다. 이는 '창조성'과 '자기 표현'이 통제 사회의 노동에 내재적인 것으로 변화해 온 방식을 예증하는 유용한 삽화다. 파올로 비르노와 얀-물리에 부탕 등이 지적했듯 통제 사회는 이제 노동자들에게 생산뿐 아니라 정서도 요구한다. 나아가 이러한 정서적 공헌을 조잡하게 정량화하려는 시도는 우리에게 새로운 환경에 대해 많은 것을 말해 준다. 또한 장식물 사례는 다른 현상, 즉 공식적인 규준 뒤에 숨겨진 요구들이 있음을 드러낸다. 커피 체인점의 웨이트리스인 조애나는 정확히 일곱 개의 장식물을 유니폼에 달고 있었다. 그러나 일곱 개가 공식적으로는 충분하더라도 실제로는 불충분하다는 사실이 곧바로 드러난다. 매니저가 그에게 "가장 기본적인 것만 하는" 사람으로 보이고 싶은 거냐고 물어보기 때문이다.

조애나가 불평한다. "저기요 스탠, 제가 서른일곱 개의 장식물을 착용하길 원하면 그냥 최소한 서른일곱 개의 장식물이 필요하다고 하면 되잖아요."

매니저가 대답한다. "저는 당신이 스스로를 표현하고 싶다고 말한 걸 떠올렸어요." 충분한 것으로는 더 이상 충분하지 않다. 수행 평가의 '양호' 등급이 계속 양호하다는 의미가 아님을 알고 있는 숱한 노동자에게 이는 새삼스러운 일이 아니다. 가령 수많은 교육 제도에서 어떤 교사가 수업 관찰 후 '양호'로 평가되었더라도 그는 다시 평가받기 전에 연수를 받지 않을 수 없을 것이다.

반관료주의와 반스탈린주의를 자처해 온 신자유주의적 정부들하에서 관료주의적 조치들이 **강화되어야** 했다는 사실이 처음에는 수수께끼처럼 보일 수도 있다. 하지만 상명하복식의 중앙 집권적 통제를 종식시켰다는 신자유주의의 수사가 기세를 떨치던 그 순간에도 새로운 종류의 관료주의, 가령 '목표와 목적', '성과', '임무 진술' 등의 담론은 증가해 왔다. 관료주의가 일종의 억압된 것의 귀환이며, 그것을 타파하겠다고 공언해 온 체계의 심장부에 아이러니하게 재등장한 것으로 보일 수도 있다. 그러나 신자유주의에서 관료주의의 부활은 격세유전이나 이상 현상anomaly을 넘어서는 것이다.

이미 언급했듯이 행정 및 규제의 증가와 '스마트해지기' 사이에는 아무 모순도 없다. 이 둘은 통제 사회에서 실행되는 노동의 양면을 이룬다. 리처드 세넷은 피라미드식 위계 질서의 수평화가 실제로는 노동자들에 대한 감시의 증대를 야기했다고 주장한다. 그는 다음과 같이 쓰고 있다. "노동의 새로운 조직화에 대해 제기된 주장 중의 하나는 그것이 권력을 탈중심화한다는 것, 말하자면 조직에서 더 낮은 직급에 있는 사람에게 자기 활동을 통제할 권한을 더 많이 부여한다는 것이다. 관료주의적인 낡은 거대 조직을 분쇄하고자 도입된 테크닉들이라는 측면에서 보면 분명 이런 주장은 틀렸다. 새로운 정보 체계는 고위 관리자들에게 그 조직에 대한 포괄적인 그림을 제공하는

데, 이는 네트워크 속 어디에도 개인들이 숨을 공간이 거의 없게 만든다."[2] 그러나 정보 테크놀로지로 인해 관리자들이 데이터에 더 쉽게 접근할 수 있게 되었을 뿐 아니라 데이터 자체도 증가했다. 이러한 '정보'의 상당 부분은 노동자들 자신이 제공한다. 마시모 데 안젤리스와 데이비드 하비는 영국 대학에서 강사가 학부 한 학기를 준비할 때 준수해야 하는 관료주의적 조처의 일부를 묘사한다. 두 사람은 다음과 같이 서술하고 있다.

> '학기 책임자'module leader(즉 강사)는 다양한 서류를 작성해야 하는데 특히 다음과 같은 것들을 꼽아 볼 수 있다. 학기의 '목표와 목적', '학습 성과 목표', '평가 양식 및 방법'을 비롯한 여러 항목을 포함하고 있는 (학기 초의) '학기 계획서', 학기 책임자가 그 학기의 장점과 단섬 그리고 다음 해에 필요하다고 생각되는 변화를 보고하는 (학기 말의) '학기 평가', 학생들의 피드백에 대한 요약, 평균 성적과 성적 분포도.[3]

---

2 리처드 세넷, 『신자유주의와 인간성의 파괴』, 조용 옮김, 문예출판사, 2002, 73~74쪽.

3 Massimo De Angelis and David Harvie, "'Cognitive capitalism' and the rat race: how capital measures immaterial labour in British universities", *Historical Materialism*, Vol. 17 No. 3, 2009, pp. 11~12.

하지만 이는 시작일 뿐이다. 전체 학위 수여 프로그램을 이행하기 위해 강사는 '프로그램 계획서'를 준비해야 하며, '이수율'과 '철회율', 성적 순위 및 분포 등에 따라 학생들의 학업 성취도를 기재한 '연간 프로그램 보고서'를 작성해야 한다. 또 모든 학생의 성적은 하나의 '매트릭스' 위에서 분류되어야 한다. 이러한 자기 감시는 외부 기관들이 실시하는 평가로 보충된다. 학생들의 과제 채점은 대학 부문 전반에 걸쳐 일관된 기준을 견지한다고 여겨지는 '외부 조사관들'에 의해 모니터링된다. 학과가 고등 교육 평가 기구Quality Assurance Agency for Higher Education를 통해 주기적으로 3~4일간 점검받는 동안 강사들은 동료들에게도 관찰되어야 한다. 강사가 '연구 회원'이라면 연구 업적 평가Research Assessment Exercise(2008년에 마찬가지로 논란이 많은 연구 우수성 평가Research Excellence Framework로 대체되었다)의 일환으로 4년이나 5년마다 자신의 '가장 뛰어난 연구 업적 네 편'을 심사 위원단이 평가할 수 있도록 제출해야 한다. 데 안젤리스와 하비는 이것들이 학교가 수행해야 하는 관료주의적 업무의 일부에 대한 개략적인 설명일 뿐이며, 이 모든 것이 해당 기관에 대한 지원금을 좌우한다는 점을 밝히고 있다. 이 일련의 관료주의적 절차는 결코 대학이나 교육에 한정되지 않는다. 국민 보건 서비스나 경찰 기구 같은 여타 공공 서비스도 유사한 관료주의적 변화에 얽혀 있다.

이는 부분적으로는 특정한 절차나 서비스 들이 내재

적으로 시장화에 저항한 결과다(예를 들어 교육의 시장화라 여겨지는 것은 혼란스럽고 미숙한 유비에 기초하고 있다. 학생들은 서비스나 그 생산물의 소비자인가?). 이상화된 시장은 '마찰 없는' 교환을 산출하기 때문에 거기서 소비자의 욕망은 규제 기관의 개입이나 중재 없이도 직접 충족될 수 있다고 가정되었다. 하지만 노동자들의 성과를 평가하고 애초에 정량화하기 힘든 노동 형태를 측정하려는 충동은 불가피하게 추가적인 관리 및 관료주의를 요구했다. 이제 노동자들의 성과나 실적은 직접 평가되지 않는다. 오히려 감사audit를 통해 가시화되는 성과와 실적의 표상이 평가된다. 불가피하게 어떤 단락短絡이 일어나고, 노동은 그 자체의 공식적인 목표보다는 표상을 생산하고 조작하는 쪽으로 방향을 맞추게 된다. 실제로 영국의 지방 정부에 대한 어느 인류학적 연구는 "지방 정부의 서비스들을 진정으로 향상시키기 위한 노력보다 그 서비스들을 정확하게 표상하는 데 더 많은 노력이 투입되고 있다"고 주장한다. 우선 순위의 이러한 전도는 과장법을 사용하지 않아도 '시장 스탈린주의'로 특징지을 수 있는 체계의 징표 중 하나다. 후기 자본주의는 이처럼 실제적인 성취보다 성취의 상징들에 더 많은 가치를 부여한다는 점에서 스탈린주의를 반복한다. 마셜 버먼은 1931~1933년에 있었던 스탈린의 백해 운하 프로젝트를 다음과 같이 묘사하고 설명한다.

스탈린은 운하 건설 프로젝트의 발전을 지연시킬 뿐인 방식으로 그 프로젝트를 밀어붙이고 압박하면서, 발전에 대한 고도로 가시적인 상징들을 창출하는 데 열중했다. 그래서 노동자와 기술자 들은 20세기의 화물들을 운송할 수 있는 충분히 깊고 안전한 운하를 건설하는 데 필요한 시간과 돈, 장비를 전혀 지원받지 못했다. 결과적으로 운하는 소련의 상업이나 산업에서 어떤 중요한 역할도 하지 못했다. 운하가 감당할 수 있었던 것은 명백히 여행용 증기선뿐이었고, 1930년대에 이 증기선은 의무적으로 그 작업의 영광을 찬양해야 했던 소련 및 외국 작가를 가득 태우고 있었다. 그 운하는 프로파간다의 승리였다. 그러나 홍보 캠페인에 들인 관심의 반만이라도 운하를 건설하는 일 자체에 기울였더라면 훨씬 더 적은 희생자와 훨씬 더 많은 실질적 발전을 가져올 수 있었을 것이다. 나아가 그 프로젝트는 실제 사람들이 유사 사건에 의해 죽는 잔인한 소극이 아니라 진정한 비극이 될 수 있었을 것이다.[4]

표면상 반스탈린주의를 내세운 신자유주의적 신노동당 정부는 이상한 반복 강박 속에서 동일한 경향을 드러냈다. 정부는 실제 세계의 결과들이 오직 외양(홍보)의 층

4 마샬 버만, 『현대성의 경험: 견고한 모든 것은 대기 속에 녹아 버린다』, 윤호병, 이만식 옮김, 현대미학사, 1994, 91~92쪽.

위에 등록되는 한에서만 중요시되는 그런 계획들을 수행하곤 했다. 신노동당 정부가 그토록 열성적으로 도입했던 악명 높은 '목표치'가 이를 잘 보여 주는 사례다. 프로세스가 확립되어 있고 강철 같은 확실성을 지니고서 반복되면 목표치는 곧바로 성과를 평가하는 방법이기를 그치고 그 자체로 목적이 된다. 학교 시험에서 기준에 미달할까 봐 느끼는 불안은 이제 영국의 여름철마다 볼 수 있는 규칙적인 특징이 되었다. 그런데 학생들이 선배들보다 실력이나 식견이 떨어진다면 이는 시험을 치르는 자질 자체가 퇴보했기 때문이 아니라 모든 교수법이 시험을 통과하는 데만 혈안이 되어 있기 때문이다. 협소하게 초점이 맞춰진 '시험용 반복 연습'이 여러 과목에 대한 폭넓은 관심을 대체한다. 이와 유사하게 병원은 심각하고 긴급한 수술 대신 수많은 일상적 절차를 먼저 실행하는데, 그래야 (수술률, 성공률, 대기 시간의 축소 등) 평가 기준상의 목표치를 더 효율적으로 달성할 수 있기 때문이다.

이러한 시장 스탈린주의를 자본주의의 '진정한 정신'에서 일탈한 것으로 간주하면 잘못일 것이다. 오히려 스탈린주의의 본질적 차원은 사회주의 같은 사회적 프로젝트와 연계되었기에 억제되어 있었고, 이미지들이 자율적 힘을 획득하는 후기 자본주의 문화에 이르러 비로소 등장할 수 있게 되었다고 말하는 편이 더 낫다. 증권 거래소에서 가치는 한 기업이 '실제로 하는 일'보다는 그 기업의 (미래) 실적에 대한 직관과 믿음에 기반해 생성된다. 말하자면 자본주의에서는 견고한 모든 것이 홍보 속으로 사라지고, 후기 자본주의는 시장 메커니즘을 부과한다는 특징으로 정의되는 만큼이나 편재하는 홍보 활동을 향한 이런 경향으로도 정의될 수 있다.

라캉의 '대타자' 개념에 대한 지젝의 정교한 설명이 여기서 아주 중요하다. 대타자는 모든 사회적 장에 전제되어 있는 집합적인 허구, 상징적인 구조다. 우리는 결코 대타자 자체와 조우할 수 없다. 대신에 그 대역들만을 대면할 수 있을 뿐이다. 이러한 대리자가 언제나 지도자인 것은 아니다. 가령 위의 백해 운하 사례에서 대타자의 대리자는 스탈린 자신이 아니라 그 프로젝트의 영광에 설득당해야 했던 소련 및 외국 작가였다. 대타자의 한 가지 중요한 차원은 그것이 모든 것을 알지는 못한다는 점이다. 홍보가 기능할 수 있는 것도 대타자에 구성적인 이러한 무지 때문이다. 실제로 대타자는 홍보나 프로파간다의 수신자, 즉 개인들 누구도 믿지 않을 때조차 그것을 믿도록 요구받는 가상의 인물로 정의될 수 있을 것이다. 지젝이 제시하는 사례를 하나 들자면 가령 현실 사회주의가 낡아빠지고 타락했음을 몰랐던 이는 누구인가? 인민 중에서는 누구도 아닌데 이들은 그것의 결점을 아주 잘 알고 있었다. 정부 관료 중의 누군가도 아닌 것이 그들은 모를 수가 없었다. 현실 사회주의의 일상적 현실을 알지 못한다고 간주된 혹은 알도록 허용되지 않았던 것은 바로 대타자였다. 하지만 대타자가 아는 것, 즉 공식적으로 수용되고 있는 것과 널리 알려져 있으며 실제 개인들이 경험하는 것 간의 차이는 결코 '한낱' 공허한 형식적인 차이가 아니다. 오히려 '일상의' 사회적 현실이 작동하도록 만들어주는 것이 바로 이 둘 사이의 불일치다. 대타자가 모르고 있다는 환영이 더 이상 유지될 수 없을 때 사회적 체계를 결합하는 그 비신체적 조직은 분해된다. 이것이 니키타 흐루시초프가 소비에트 국가의 실패를 '인정'한 1956년 연설이 그토록 중대했던 이유다. 당의 어느 누구도 당의 이름으로 자행된 잔혹 행위와 타락을 모르지 않았으나 흐루시초프의 공표는 대타자가 이를 모르고 있다고 믿는 것이 더 이상 가능하지 않도록 만들었다.

현실 사회주의는 그렇다 치고 현실 자본주의는 어떤가? 자본주의 리얼리즘의 '리얼리즘'을 이해하는 한 가지 방식은 대타자에 대한 믿음을 포기했다는 주장을 살펴보는 것이다. 포스트모더니즘이라는 이름은 포스트모던의 조건에 대한 장-프랑수아 리오타르의 유명한 정식화, 즉 "거대 서사에 대한 불신"이 시사하는 것과 같은 대타자에 대한 믿음의 쇠퇴가 격발시킨 위기들의 복합체로 이해할 수 있다. 물론 프레드릭 제임슨은 "거대 서사에 대한 불신"이 "후기 자본주의의 문화 논리"의 한 표현이자 자본 축적 양식이 포스트포드주의로 전환한 결과라고 주장할 것이다. 닉 랜드는 "문화의 경제로의 포스트모던한 용해"라는 희열에 들뜬 해석을 제시한다. 그의 연구에 따르면 사이버네틱 형태로 업그레이드된 보이지 않는 손이 점점 더 중앙 집권적인 국가 권력을 제거하고 있다. 랜드의 1990년대 텍스트들은 사이버네틱스, 복잡성 이론, 사이버 펑크 소설, 신자유주의의 종합을 통해 자본의 인공 지능이 지구를 지배하는 미래상―인간의 의지를 쓸모없게 만드는 방대하고 유연하며 끊임없이 분열하는 체계―을 구축하고자 했다. 비선형적이고 탈중심화된 자본에 대한 선언문인 「멜트다운」[5]에서 그는 "비활성 ROM 지휘 통제 프로그램―모든 거시적, 미시적 통치 장치를 지탱하며 전 지구적 인간 안보 체계로서의 자신에 전념하는―의 무력화에 초점이 맞추어져 있는 광범위하게 분산된 매트릭스-네트워크화 경향"을 언급한다. 이것은 하나의 파괴적인 실재로서의 자본주의다. 여기서 (바이러스처럼 퍼지는 디지털) 신호들은 상징계를 우회하고 따라서 보증인으로서의 대타자를 요구하지 않는 자족적인 네트워크 안에서 순환한다. 이것은 들뢰즈와 가타리가 말한 "명명할 수 없는 사물"로서의 자본이지만, 또한 그들이 자본주의에 구성적이라고 주장했던 재영토화와 반생산anti-production의 힘은 없는 자본이다. 랜드의 입장이 지닌 문제 중의 하나는 그 입장의 가장 흥미로운 점이기도 하다. 정확히 말해 그의 입장은 어떤 '순수한' 자본주의, 즉 내적인 요소들

5   Nick Land, "Meltdown". 1994년에 처음 발표된 이 글은 Land, *Fanged Noumena: Collected Writings 1987~2007*, Urbanomic, 2011에 실려 있으며 우리말로도 번역되었다(「멜트다운」, 강덕구, 김내훈 옮김, 『웹진 한국 연구』, 2020).

이 아니라 오직 외재적인 요소들(랜드의 논리에서 이 요소들은 결국에는 자본에 의해 소비되고 물질대사를 하게 될 격세유전의 요소다)에 의해서만 억제되고 가로막히는 자본주의를 상정하고 있다. 하지만 자본주의는 이런 방식으로 '정제될' 수 없다. 반생산의 힘을 제거하면 자본주의도 그와 더불어 사라질 것이다. 유사하게 자본주의가 '외피를 벗어 가는'unsheathing 점진적인 경향이란 존재하지 않으며, '실제로' 있는 그대로의 자본―탐욕스럽고 냉담하며 비인간적인―의 정체를 점차적으로 폭로하는 일 따위도 존재하지 않는다. 반대로 자본주의에서 홍보, 브랜드, 광고 등이 야기한 '비신체적 변형'incorporeal transformation은 자본주의의 약탈이 효과적으로 이루어지려면 다양한 형태의 외피sheathing에 의존해야 함을 시사한다. 현실 자본주의는 현실 사회주의를 특징지었던 것과 동일한 분할로 특징지을 수 있다. 한편으로 자본주의 기업들이 사회를 책임지고 보살핀다는 공식 문화와 다른 한편으로 기업들은 사실 부패하고 무자비하다는 등의 널리 퍼진 앎 사이의 분할이 그것이다. 달리 말하면 자본주의적 포스트모더니티는 겉으로 보이는 만큼 완전히 믿음이 없는 것은 아니다. 잘 알려진 이야기에서 보석 판매 기업인 래트너스의 최고 경영자였던 제럴드 래트너가 대가를 치르고 나서야 그것을 이해할 수 있었듯이 말이다. 래트너가 저녁 식사 후의 한 담화에서 자신의 매장들에서 팔았던 값비싼 보석들을 "쓰레기 같은 것"으로 묘사했을 때 그는 정확히 상징계를 우회해 '솔직하게 말하고자' 노력한 것이었다. 그러나 래트너가 이러한 판단을 공식적인 것으로 만든 결과는 즉각적이고 심각했다. 기업 가치에서 5억 파운드가 날아갔고 그는 해고당했다. 고객들은 래트너스가 판매한 보석의 품질이 나쁘다는 사실을 사전에 알고 있었을 수도 있지만 대타자는 모르고 있었다. 그러나 대타자가 알게 되자마자 래트너는 무너졌다.

고유의 포스트모더니즘은 닉 랜드보다 훨씬 가벼운 방식으로 '상징적 효력의 위기'를 다루어 왔다. 가령 저자 기능에 대한 메타 허구적 불안들을 통해 혹은 자체의 생산 메커니즘을 노출하거나 상품으로서의 자체의 지위에 대한 논의를 반성적으로 포함하는 텔레비전 프로그램 및 영화를 통해 말이다. 그러나 포스트모더니즘이 전제하는 탈신비화 몸짓은 성숙함을 보여 주는 것이 아니라 과거에는 정말로 상징계를 믿는 사람들이 있었다고 확신하는 모종의 순진성을 드러낼 뿐이다. 당연한 말이지만 실제로 '상징적 효력'은 정확히 물질적-경험적 인과성과 상징계에 고유한 비신체적 인과성 사이의 구별이 분명하게 유지될 때 발휘된다. 지젝은 판사의 사례를 든다. "나는 사태들이 내가 보는 그대로라는 것, 이 사람이 그저 타락한 약골이라는 것을 잘 알고 있다. 그렇지만 나도 그를 공손하게 대하는데, 왜냐하면 그가 판사 휘장을 두르고 있고 따라서 그가 말할 때 그를 통해 말하는 것은 법 자체기 때문이다." 그러므로 포스트모더니즘이 하듯이 현실로의 냉소적인 환원으로는 불충분하다. 판사가 말할 때 어떤 점에서는 그 판사 인격의 직접적인 현실보다 그의 말(법 제도의 말)에 더 많은 진실이 담겨 있다. 만약 눈으로 보는 것에 스스로를 제한하면 우리는 단순히 요점을 놓치게 된다. 라캉은 '속지 않는 자가 길을 잃는다'les non-dupes errent라는 경구로 이러한 역설을 겨냥하고 있다. 즉 상징적 기만/허구에 사로잡히지 않으려 하고 고집스레 자신의 눈을 믿으려는 자들이 가장 먼저 길을 잃는다. '오직 자신의 눈만을 믿는' 냉소주의자는 상징적 허구의 효력을, 이 허구가 우리의 현실 경험을 구조화하는 방식을 놓치고 만다.[6]

장 보드리야르 작업의 상당수는 이와 동일한 효과, 즉 상징계의 폐지가 실재와 직접 조우하도록 이끄는 것이 아니라 실재의 손실로 이어지는 방식에 대한 논평이다. 보드리야르가 보기에 무매개적으로 현실을 제시한다고 주장하는 생활 다큐나 정치적 여론 조사 같은 현상은 언제나 풀 수 없는 딜레마를 부과한다. 카메라의 존재가 촬영되고 있는 사람들의 행동에 영향을 주지 않았는가? 여론조사 결과의 공표가 투표자들의 미래 행동에 영향을 주지는 않는가? 이런 물음들은 답하기가 불가능하며, 따라서

6   슬라보예 지젝, 『까다로운 주체』, 이성민 옮김, 도서출판b, 2005, 520~521쪽.

'현실'〔리얼리티〕은 언제나 교묘히 달아나는 것이 된다. 현실은 날것 그대로 포착되고 있는 듯 보이는 바로 그 순간에 보드리야르의 신조어로서 많은 오해를 산 '하이퍼리얼리티'로 변형된다. 보드리야르의 통찰을 기이하게 반향하는 가장 성공한 리얼리티 텔레비전 프로그램들은 결국 생활 다큐의 요소와 인터랙티브 여론 조사를 융합하게 되었다. 사실상 이러한 쇼 프로그램에는 두 층위의 '현실'이 있다. '실제의 삶'을 사는 프로그램 참가자의 대본 없는 행동과 집에서 텔레비전으로 프로그램을 보지만 참가자의 행동에 결과적으로 영향을 미치는 시청자의 예측할 수 없는 반응이 그것이다. 그런데 리얼리티 텔레비전은 끊임없이 허구나 허상에 관한 물음들에 사로잡힌다. 가령 참가자들은 우리 시청자에게 한층 매력 있어 보이기 위해 자기 개성의 어떤 단면들을 억누른 채로 연기하고 있지는 않은가? 시청자 투표는 정확하게 반영되는가, 모종의 조작은 없는가? 텔레비전 쇼 「빅 브러더」가 내건 슬로건인 '당신에게 달려 있다'you decide는 보드리야르가 옛 중앙 집권적 권력 형태를 대체해 온 것으로 이해한 피드백에 의한 통제 양식을 완벽하게 보여 준다. 프로그램에 반응해 전화를 걸고 마우스를 누르면서 바로 우리 자신이 비어 있는 권력의 자리를 차지하는 것이다. 텔레비전의 「빅 브러더」가 조지 오웰의 빅 브러더를 대체한 셈이다. 우리 시청자는 외부에서 온 권력에 종속된 것이 아니다. 오히려 우리는 우리의 욕망과 호감을 얻는 것이 유일한 과제인 어떤 통제 회로에 통합되어 있다. 그러나 그런 욕망과 호감은 더 이상 우리 자신의 욕망이 아니라 대타자의 욕망으로 우리에게 반송된다. 분명 이런 회로들은 텔레비전에 한정되지 않는다. 사이버네틱 피드백 체계(초점 집단, 인구학적 조사 등)는 이제 교육과 통치를 포함해 모든 '서비스'의 실행에 통합되어 있다.

여기서 우리는 포스트포드주의적 관료주의라는 쟁점으로 되돌아갈 수 있다. 당연하지만 관료주의, 즉 관료 집단의 담론과 대타자 사이에는 밀접한 관련이 있다. 대타자가 작동하는 방식을 설명하면서 지젝이 드는 두 가지 사례를 보자. 하나는 어떤 홍보 활동에 대한 통지를 받지 못했기 때문에 "미안합니다. 저는 아직 이 새로운 조치에 대해 제대로 통지받지 못했기 때문에 당신을 도울 수 없습니다"라고 말하는 하급 공무원의 사례다. 다른 하나는 자기 집 주소 번호 때문에 불운을 겪고 있다고 믿는 여성의 사례다. 그는 자신이 직접 명패를 다른 숫자로 바꾸는 것으로는 만족할 수가 없는데, 왜냐하면 "그런 일은 책임 있는 국가 기관이 적절히 실행해야 하기" 때문이다. 우리는 관료주의적 리비도, 즉 특정 공무원들이 책임을 부인함으로써 얻는 그 향유에 아주 익숙하다("제 소관이 아닙니다, 유감입니다, 규정이 그렇습니다").[7] 관료들을 대할 때 겪는 좌절감은 종종 그 관료들 스스로도 아무런 결정

---

7 이 사례들은 지젝, 『까다로운 주체』, 525~526쪽에 나온다.

을 내릴 수 없다는 사실에서 유발된다. 이들에게 허용되어 있는 것이라고는 언제나 이미 (대타자에 의해) 만들어져 있는 결정을 언급하는 일뿐이다. 관료주의를 다룬 가장 위대한 작가로서 카프카는 이러한 부인 구조가 관료주의에 내재해 있음을 간파하고 있었다. K의 공식적 지위를 최종적으로 결정할 수 있는 궁극적인 책임 기관에 도달하려는 노력은 결코 끝날 수 없다. 대타자를 자체로 조우할수는 없기 때문이다. 대타자의 의도가 무엇인지 해석하는 일에 종사하는 다소간 적대적인 태도의 공무원들이 있을 뿐이다. 그리고 이러한 해석 행위, 이러한 책임 지연이 바로 대타자의 모든 것이다.

카프카가 전체주의에 대한 논평가로 가치가 있는 것은 전제적 지배라는 모델로는 이해할 수 없는 전체주의의 차원이 있음을 폭로하기 때문이다. 끝없는 관료주의적 미로라는 카프카의 연옥 같은 풍경은 소비에트 체계가 일종의 '기호의 제국'이었고 스탈린과 뱌체슬라프 몰로토프를 포함한 노멘클라투라 자신들조차 사회의 복잡한 기호학적 신호들을 해석하는 데 몰두했다는 지젝의 주장과 공명한다. 어느 누구도 무엇이 요구되는지 알지 못했다. 대신에 개인들은 특수한 몸짓이나 지침이 의미하는 바를 추측할 수만 있을 뿐이었다. 명확한 공식적 설명을 제공할 수 있는 최종 책임 기관에 호소할 가능성이 원리상으로도 없는 후기 자본주의에서는 그런 모호성이 광범위하게 증대한다. 이러한 증후군의 한 사례로서 다시 연장 교육 과정으로 돌아가 보자. 언젠가 노동 조합 전임자, 대학 총장, 하원 의원 들이 함께 모인 자리에서 연장 교육 과정의 미로 같은 재정 지원 체계의 핵심에 있는 독립 공공 기관인 학습 및 기술 위원회Learning and Skill Council가 특별한 공격 대상이 되었다. 그런데 교사와 총장, 하원 의원 중 누구도 특수한 지침들이 어떻게 만들어졌는지 알 수 없었다. 이들은 정부 정책을 결정하는 자리에 없었기 때문이다. 해결책은 교육 기술부의 규정을 학습 및 기술 위원회가 '해석하는' 것이었다. 이렇게 되면 이 해석은 관료주의 특유의 기이한 자율성을 획득한다. 한편으로 관료주의적 절차는 그 어떤 외부 기관으로부터도 독립성을 유지하며 자유롭게 진행된다. 그런데 이 자율성은 관료주의적 절차들이 완고한 태도를 고수하며 어떤 개선이나 물음에도 저항한다는 것을 뜻한다.

포스트포드주의에서 감사 문화auditing culture가 확산된 것은 대타자의 죽음이 과장되었음을 알려 준다. 감사는 아마도 홍보와 관료주의의 융합으로 가장 잘 이해될 수 있을 텐데, 관료주의적 데이터는 보통 홍보 역할을 수행할 목적으로 수집되기 때문이다. 가령 교육의 경우 시험 결과나 연구 평가 순위는 특정 기관의 위신을 높여 준다(혹은 떨어뜨린다). 교사들은 이런 '데이터'를 대조 및 확인하고 소비하는 대타자에게 인상을 남기는 것이 점점 더 자기 일의 목적처럼 보인다는 사실에 좌절감을 느낀다. 나는 '데이터'를 따옴표 안에 넣었는데 이른바 정보의 상당수가 감사 영역 바깥에서는 거의 의미가 없고 활용되지도 않기 때문이다. 에바 베르글룬드가 서술하듯 "감사를 통해 얻는 정보는 현장의 세부 사항을 간과하고 추상적이기 때문에 (가령 감사 자체의 미적 기준을 제외하면) 그릇되고 무의미한 경우가 많지만 그럼에도 중대한 결과를 초래한다".[8]

새로운 관료주의는 특수한 노동자들이 실행하는 고유하고 한정된 기능이라는 형태를 취하는 것이 아니라 모든 노동 영역에 침투해 (카프카가 예언했던 것처럼) 노동자들이 스스로에 대한 감사관이 되어 자신의 성과를 평가하지 않을 수 없게 만든다. 예를 들어 영국의 교육 표준 행정청Office for Standards in Education이 연장 교육 학교를 심사하는 데 적용하는 '새로운 체계'를 보자. 옛 체계에서 대학은 4년 정도마다 '엄격한' 심사를 받았는데, 여기에는 수많은 수업 관찰과 대학에 출두한 대규모 심사관이 포함되어 있었다. '향상된' 새 체계에서는 대학이 자체의 내적 평가 체계가 효율적임을 증명할 수 있으면 '가벼운' 심사만 받으면 된다. 그러나 이러한 '가벼운' 심사의 부정적인 면은 명백하다. 교육 표준 행정청에서 하던 감시와 관찰이 대학으로, 궁극적으로는 강사들 자신에게 아웃소싱되면서 이 일이 대학 교육의 (그리고 개별 강사들 심리의) 영구

8   Eeva Berglund, "I Wanted to Be an Academic, Not 'A Creative': Notes on Universities and the New Capitalism", *ephemera*, Vol. 8 No. 3, 2008, p. 326.

적인 특성이 되었기 때문이다. 옛/엄격한 심사 체계와 새/
가벼운 심사 체계의 차이는 정확히 앞서 요약했던 표면적
인 무죄 선고와 무한한 지연이라는 카프카의 구별과 일치
한다. 표면적인 무죄 선고와 관련해 당신은 하급 법원의
판사들이 당신에게 불구속 집행 유예를 선고할 때까지 그
들에게 진정을 낸다. 그러면 당신은 소송이 재개될 때까
지는 법원에서 풀려난다. 반면 무한한 지연은 당신의 소
송을 최하급 법원에 계류시켜 결코 끝나지 않을 것이라는
불안을 겪게 한다(교육 표준 행정청 심사에서 일어난 변화
는 연구 업적 평가가 연구 우수성 평가로 바뀌면서 고등 교
육에서 일어난 변화에도 반영되어 있다. 즉 주기적으로 이
루어지던 평가가 영구적이고 편재하는 조치로 대체되어 끊
없이 이어지는 동일한 불안을 야기할 것이다).

어쨌든 교직원들이 엄격한 심사보다 '가벼운' 심사
를 더 선호하는 것 같지는 않다. 심사관들은 옛 체계에서
와 동일한 시간을 대학에서 보낸다. 예전보다 더 적은 수
의 심사관만 대학에 출두한다는 사실이 심사의 스트레스
를 감소시키지는 않는다. 그 스트레스는 실제 관찰 자체
보다는 관찰의 대상이 될 가능성이 있기에 해야 하는 보
여 주기식의 불필요한 관료주의 업무와 훨씬 더 많이 관
련된다. 다시 말해 심사는 미셸 푸코가 『감시와 처벌』에
서 설명한 감시의 잠재적 본성에 정확히 부합한다. 잘 알
려져 있듯이 이 책에서 푸코는 실제로 누군가가 감시 장
소를 지키고 있을 필요는 없다고 말한다. 우리가 관찰될

지 아닐지를 모른다는 사실이 감시 장치를 내면화하는 효과를 낳는다. 그리하여 우리는 언제나 관찰되고 있는 듯이 처신하게 된다. 그리고 학교나 대학 심사의 경우 우리를 평가하는 일차적인 요소는 교사로서 우리가 발휘하는 능력이 아니라 관료로서 우리가 보이는 성실함이다. 다른 기이한 효과들도 있다. 교육 표준 행정청이 이제 대학의 자기 평가 체계들을 주시하고 있기 때문에 대학은 실제로 받을 만한 등급보다 더 낮게 자체의 제도 및 수업을 평가함으로써 혜택을 받으려 한다. 그 결과는 마오주의적 고해 성사의 포스트모던 자본주의 판본으로, 여기서 노동자들은 항상적인 상징적 자기 폄하에 가담하도록 요구받는다. 한번은 우리 부서장이 그 새롭고 가벼운 심사 체계의 미덕을 격찬하면서 우리 부서 일지의 문제는 충분히 자기 비판적이지 않다는 것이라고 말한 적이 있다. 그러고는 두려워할 필요는 없다면서 우리가 하는 어떤 자기 비판도 순수하게 상징적이며 그에 따른 조치가 취해지는 일은 결코 없을 것이라고 충고했다. 순전히 형식적인 수준에서 냉소적이고 관료주의적으로 규정을 준수하는 행위에 속하는 자기 처벌이 덜 타락한 태도라도 되는 듯이 말이다.

포스트포드주의적 교실에서 나타나는 교사들의 반성적 무기력은 학생들의 반성적 무기력과 닮아 있다. 데 안젤리스와 하비는 다음과 같이 보고한다.

표준화와 감시의 관행 및 요건 들은 분명 아카데미에 과도한 업무 부담을 지우고, 대부분의 사람은 그것을 달가워하지 않는다. 수많은 반응이 있었다. 관리자들은 종종 대안은 없다고 암시했으며, 우리에게 필요한 것은 '고되게가 아니라 스마트하게 일하기'라고 주장했다. 경험적으로 볼 때 노동 환경에 무시무시한 영향을 미치는 변화를 밀어붙인 것에 대한 교직원들의 저항을 꺾기 위해 도입된 이 매혹적인 슬로건은 예산 압박에 대처하며 '경쟁력'을 높일 '변화'(구조 조정과 혁신)의 필요성을, 노동조건의 악화와 '변화들'의 교육적, 학문적 '무의미함'에 대한 교직원들의 저항과 결부시키고 있다.[9]

"대안은 없다"는 관념을 불러들이고 "고되게가 아니라 스마트하게 일하기"를 권고하는 것은 자본주의 리얼리즘이 포스트포드주의에서 노동 쟁의의 풍조를 조성하는 방식을 보여 준다. 한 강사가 냉소적으로 언급한 것처럼 심사 제도를 없애는 일은 노예제를 없애는 일보다 더 불가능해 보인다. 새로운 (집합적인) 정치적 주체가 등장할 때만 그런 숙명론을 극복할 수 있다.

---

9   De Angelis and Harvie, "'Cognitive capitalism' and the rat race", *Historical Materialism*, Vol. 17 No. 3, p. 14.

7

"하나의 현실과 다른 현실이 중첩되는 것을 당신이 볼 수 있다면"[1]

꿈 작업과 기억 장애로서의 자본주의 리얼리즘

한때 '현실주의자가 된다는 것'은 견고하고 요지부동의 것으로 경험된 현실을 받아들이는 법을 배운다는 것을 의미했을지도 모른다. 하지만 자본주의 리얼리즘은 우리를 무한히 가변적이고 어느 순간에도 스스로를 재구성할 수 있는 어떤 현실에 예속시킨다. 우리는 프레드릭 제임슨이 「포스트모더니티의 이율 배반들」이라는 글에서 "공간이나 심리 모두 자유자재로 처리되고 다시 만들어질 수 있는 전적으로 대체 가능한 현재"라 부른 것에 직면해 있다.[2] 여기서 '현실'은 디지털 문서에서 다양한 옵션을 사용할 수 있는 것과 유사한데, 곧 어떤 결정도 최종적이지 않고 언제나 수정이 가능하며 어느 때나 과거의 특정 순간을 불러들일 수 있다. 6장에서 언급한 중간 관리자는 이런

---

1 이 장에 등장하는 어슐러 K. 르 귄의 소설 『하늘의 물레』에 나오는 구절.

2 Fredric Jameson, "The Antinomies of Postmodernity", *The Cultural Turn: Selected Writings on the Postmodern, 1983~1998*, Verso, 1998, p.57.

"대체 가능한" 현실에 적응하는 일을 하나의 순수 예술로 전환시켰다. 그는 확신에 가득 차서 대학과 그 미래에 대한 이야기를, 가령 심사 제도의 함축적 의미는 무엇이며 고위 관리자의 생각은 무엇인지 따위의 이야기를 늘어놓았다. 그리고 말 그대로 바로 다음 날 전날 말했던 것과 정확히 모순되는 이야기를 유쾌하게 꺼내기도 했다. 자신이 전날의 이야기를 반박하고 있다고는 추호도 의심하지 않았으며, 다른 이야기가 있었음을 그저 흐릿하게 기억할 뿐인 것 같았다. 내 생각에는 이것이 이른바 '훌륭한 경영'이다. 아마 이것이야말로 자본주의의 영구적 불안정성 가운데서 건강하게 지낼 수 있는 유일한 방법일 것이다. 표면적으로 이 관리자는 밝고 건강한 정신의 본보기여서 그의 전 존재가 마음 맞는 친구 사이에서나 볼 수 있는 친밀감을 발산한다. 그런 쾌활함을 유지할 수 있는 것은 모종의 비판적 성찰성을 거의 완전히 결여하고 이 관리자가 그랬듯 관료 기관의 모든 지침에 냉소적으로 순응할 수 있을 때뿐이다. 물론 순응할 때 보이는 그 냉소주의가 핵심이다. 가령 그는 감사 절차를 아주 성실하게 이행하지만 자신이 그것을 '실제로는 믿지 않는다는 사실'에 기댐으로써 60년대 스타일의 자유주의적 자기 이미지를 보존한다. 이러한 부인은 앞서 논의한 내적인 주관적 태도와 외적인 행동의 구별에 의존한다. 이 관리자는 내적인 주관적 태도상으로는 자신이 감독하고 있는 관료주의적 절차들에 적대적이고 심지어 그것을 경멸하지만 외적인 행동 측면에서는 완전히 순응적이다. 노동자들이 무의미하고 비도덕적인 노동을 계속 수행하도록 만드는 것은 정확히 감사 업무에 대한 그들의 주관적인 심리적 거리 두기다.

내가 보기에 하나의 현실에서 또 다른 현실로 순탄하게 이동하는 이 관리자의 능력은 무엇보다 어슐러 K. 르귄의 『하늘의 물레』를 상기시킨다. 『하늘의 물레』는 자기가 꾼 꿈이 문자 그대로 사실이 되는 남자 조지 오르에 관한 소설이다. 소설은 유서 깊은 동화 양식을 따르지만 그 소망 충족 행위는 곧바로 트라우마적이고 재앙적인 것으로 변한다. 가령 오르는 치료사인 닥터 하버의 유도로 인구 과잉 문제가 해결되는 꿈을 꾸는데, 잠에서 깬 뒤 수십억 인구가 전염병으로 사라졌음을 깨닫는다. 제임슨이 이 소설을 논의하면서 서술한 것처럼 그러한 전염병은 "아직까진 존재하지 않지만 가까운 과거에 대한 우리의 연대기적 기억 속에서 곧바로 떠올릴 수 있는 어떤 사건"이다.[3] 이 소설이 지닌 힘의 대부분은 이러한 소급적 작화 retrospective confabulation[4]들에 있는데, 그 기법은 아주 친숙하면서도—우리가 매일 밤 꿈을 ~~꾸~~꾸면서 실행하는 것이므로—기묘하다. 연속적이거나 동연同延의 공간에 있으면서 그처럼 명백하게 서로 모순되는 이야기를 믿는 일

---

3   Jameson, *Archaeologies of the Future: The Desire Called Utopia and Other Science Fictions*, Verso, 2005, p.78.

4   기억 혹은 과거의 무의미하거나 모순적인 요소들을 변경해 허구적인 일관된 이야기로 만드는 것.

이 어떻게 가능할까? 하지만 우리는 칸트, 니체, 정신 분석학 등 덕분에 깨어 있는 경험도 꿈꾸는 경험만큼이나 그런 서사적 여과를 거친다는 것을 알고 있다. 실재가 참을 수 없는 것이라면 우리가 구축하는 어떤 현실도 일관되지 않은 조직체일 수밖에 없다. 칸트, 니체, 프로이트는 우리의 일상적인 작화가 합의된 것임을 이해하고 있다는 점에서 '삶은 한낱 꿈일 뿐'이라 말하는 따분한 클리셰와 구별된다. 우리가 경험하는 세계가 우리 마음의 내면에서 투사된 유아론적 환영이라는 관념은 우리를 당황시키기보다는 위안을 주는데, 이 관념이 전능함에 대한 우리의 유년기적 환상들에 부합하기 때문이다. 그러나 우리의 이른바 내면성이 그 실존을 어떤 허구적인 합의에 빚지고 있다는 생각은 언제나 기이한 혐의를 수반할 것이다. 르 귄의『하늘의 물레』에서 기이함의 이 추가적 층위가 등장하는 순간은 현실을 뒤트는 오르의 꿈을 다른 사람들, 즉 치료사 하버(오르의 능력을 조작하고 통제하려 하는)나 변호사 헤더 르라셰가 목격하는 때다. 그렇다면 사실로 변하는 다른 누군가의 꿈을 경유해 산다는 건 어떤 것일까?

〔하버는−피셔〕 얘기를 계속할 수 없었다. 그는 그것을 느꼈다. 그 전환, 출현, 변화.
여자〔헤더 르라셰〕 역시 그것을 느꼈다. 그녀는 공포에 질린 표정이었다. 묵직한 황동 목걸이를 부적처럼 목 가까이 들어 쥔 채, 당황하고 충격받고 겁에 질린 채, 창밖의 전망을 빤히 쳐다보고 있었다. 〔…〕 그것이 그 여자에게 무슨 일을 할까? 그녀가 이해할까, 미쳐 버리려나, 어떤 행동을 할까? 그가 그랬듯 그녀도 양쪽의 기억을 간직하게 될까? 진짜 기억과 새로운 기억, 옛 기억과 진짜 기억을?[5]

그녀는 "미쳐 가고" 있는가? 전혀 그렇지 않다. 갈피를 잡을 수 없는 얼마간의 시간이 지나고 헤더 르라셰는 "새로운" 세계를 "진짜" 세계로 받아들이고 봉합 지점을 마감 처리한다. 양립 불가능한 것이나 무의미한 것을 아무런 의문 없이 수용하는 이런 전략은 언제나 흔히들 말하는 분별력의 전형적인 기법이었다. 그러나 그 전략은 "지금까지 존재했던 모든 것이 마구 섞인 그림"이자 상품들을 생산하고 처분하는 것만큼이나 빠르게 사회적 허구들을 꿈꾸고 폐기하는 사회인 후기 자본주의에서 특별한 역할을 맡는다.

　존재론적 불안정성이라는 이러한 상황에서 망각은 하나의 적응 전략이 된다. 고든 브라운[6]의 사례를 가져오자

　5　어슐러 K. 르 귄, 『하늘의 물레』, 최준영 옮김, 황금가지, 2010, 101~103쪽.

　6　고든 브라운은 1997년부터 토니 블레어가 이끄는 노동당 정부에서 10년 동안 재무 장관을 지냈으며 2007년에 총리로 선출되어 2010년까지 재임했다. 지은이가 여기서 고든 브라운과 비교하고 있는 토니 블레어는 1994년 노동당 당수가 되었으며 1997년 총선에서 압승을 거둠으로써 보수당에 정권을 내준 지 18년

면, 그가 자신의 정치적 정체성을 편의적으로 재창조했을 때 그것은 어떤 집단적인 망각을 유도하려는 시도를 포함하고 있었다. 『인터내셔널 소셜리즘』에 실린 한 논문에서 존 뉴싱어는 다음과 같이 떠올리고 있다.

> 브라운은 영국 산업 연맹 컨퍼런스에서 "사업은 타고난 내 소질"이라고 말했다. 그의 모친이 한 회사의 책임자였기에 자신은 "사업에 관한 한 무슨 일이 일어났는지 정확하게 알고 있는 분위기에서 자랐다"는 것이다. 실제로 그는 언제나 그들의 일원이었다. 유일한 문제는 그것이 사실이 아니었다는 점이다. 그녀가 나중에 인정했듯이 브라운의 모친은 결코 스스로를 "사업가 여성"으로 칭하지 않았다. 그녀는 "조그만 가족 회사"에서 약간의 "가벼운 행정 업무"만을 맡았으며, 어린 고든이 태어나기 3년 전에 결혼한 다음에는 그 일을 그만두었다. 이전에는 노동당 정치인들이 자신을 위해 노동 계급 배경을 발명하려고 노력했다면, 브라운은 자본가적 배경을 발명하고자 노력한 첫 인물이다.[7]

뉴싱어는 브라운을 그와는 상당히 다른 인물, 즉 라이

만에 노동당 출신의 총리가 되었다. 또한 2001년 6월 총선과 2005년 5월 총선에서도 승리해 3기 연속 집권한 인물이다.

7 John Newsinger, "Gordon Brown: From Reformism to Neoliberalism", *International Socialism*, No.115, Summer 2007.

벌이자 선임 영국 총리였던 토니 블레어와 대조한다. 포스트모던 메시아주의라는 기이한 스펙터클을 제시했던 블레어가 철회해야 할 어떤 믿음도 가지고 있지 않았다면, 브라운이 장로교회파 사회주의자에서 신노동당 당수로 변화한 여정은 반박과 부인으로 점철된 길고 고되며 고통스러운 과정이었다. 뉴싱어는 "블레어가 신자유주의를 수용하기까지는 아무런 위대한 개인적인 투쟁도 필요 없었는데, 그에게는 처리해야 할 이전의 믿음이 전혀 없었기 때문"이라고 쓰고 있다. "반면 브라운에게 신자유주의의 수용은 변절이라는 심사숙고한 결정을 포함하고 있었다. 사람들은 그 노력이 브라운의 개성을 손상시켰을 것이라 생각한다." 블레어는 본성이나 성향에 있어 최후의 인간이었다. 그러나 브라운은 의지의 힘으로 최후의 인간, 즉 역사의 끝에 등장하는 난쟁이가 되었다.

블레어는 가슴 없는 인간, 당이 권력을 얻기 위해 그의 조커같이 히스테릭한 얼굴과 판매원처럼 능란한 말솜씨를 필요로 했던 아웃사이더였다. 이에 반해 브라운의 믿기지 않는 자기 재창조 행위는 당 자체가 겪어야 했던 일이고, 거짓 미소로 일그러진 그의 표정은 자본주의 리얼리즘에 완전히 굴복한 노동당의 현 실정과 맞아떨어지는 객관적 상관물이다. 현재 노동당은 처참하고 무기력하며, 그 내부는 한때 빛나 보였으나 이제는 10년이 지난 컴퓨터 테크놀로지만큼이나 모든 매력을 상실한 시뮬라크르로 대체되었다.

현실과 정체성 들이 소프트웨어처럼 업그레이드되는 상황에서 기억 장애memory disorder가 문화적 불안의 초점이 되어야 했던 것은 전혀 놀라운 일이 아니다. 가령 제이슨 본 시리즈, 「메멘토」, 「이터널 선샤인」 등의 영화를 보자. 본 시리즈에서 정체성을 되찾으려는 제이슨 본의 탐색은 모든 고정된 자기 감각에서 끊임없이 탈피하는 것과 병행한다. 로버트 러들럼의 원작 소설에서 본은 다음과 같이 말한다.

> 날 좀 이해해 줘. 꼭 알아내야 할 것들이 있어… 제대로 된 결정을 내리는 데 필요한 만큼만… 하지만 모든 걸 알고 싶진 않아. 내 일부는 나를 떠나 사라져 버릴 수 있어야 해. 나 스스로 더 이상 과거는 존재하지 않는다고 말할 수 있으면 좋겠어. 기억이 깨끗이 지워졌으니 과거는 결단코 없었다고 할 수도 있을 거야. 기억이 없다면 과거도 없는 거니까.[8]

영화에서 본의 초국가적 노마디즘은 일종의 반기억으로 기능하는 극도로 빠른 편집 스타일로 표현되며, 이는 제임슨이 포스트모던 시간성의 특징이라고 주장한 아찔한 '현재 진행형'으로 관객을 내몬다. 러들럼 소설의 복잡

---

8 로버트 러들럼, 『본 아이덴티티』, 최필원 옮김, 문학동네, 2011, 228쪽.

한 플롯은 이해 가능한 일관된 서사로 구성하기 힘든 덧없는 사건-암호와 행동 들로 변형된다. 개인적인 역사를 잃어버린 본은 서사적 기억은 결여하고 있으나 우리가 형식적 기억이라 부를 수 있는 것, 즉 일련의 물리적 반사 동작이나 틱tic에 문자 그대로 체현되어 있는—기술, 실천, 행동 등에 대한—기억은 간직하고 있다. 여기서 본의 손상된 기억은 제임슨이 묘사한 것과 같은 포스트모던 향수 양식과 공명한다. 이 양식에서는 동시대나 심지어 미래를 참조하는 내용으로 인해 형식의 층위에서는 이미 확립되어 있거나 구식이 된 모델에 의존하고 있다는 사실이 흐려진다. 한편으로 이는 현재적인 것과 즉각적인 것만을 특권화하는 문화다. 미래뿐 아니라 과거의 방향으로도 장기적인 것은 근절된다(예를 들어 미디어에 등장하는 이야기는 한 주 정도 주의를 독점한 다음 곧 망각된다). 다른 한편으로 이는 지나치게 향수에 젖은 문화, 회고에만 몰두하며 어떤 진정한 참신함도 만들어 낼 수 없는 문화다. 시간의 이율 배반에 대한 이런 설명과 분석이야말로 포스트모던/포스트포드주의 문화의 이해와 관련해 제임슨의 가장 중요한 공헌일지도 모르겠다. 그는 「포스트모더니티의 이율 배반들」에서 다음과 같이 주장한다.

우리가 출발해야 하는 역설은 사회적 삶의 모든 층위에서 볼 수 있는 전대미문의 변화 속도와, 그런 변덕스러움과는 양립 불가능해 보이는 온갖 측면—소비 제품에 느끼는 감정, 인위적 공간에 고유한 언어 등―에 있어서의 전대미문의 표준화가 병존한다는 것이다. 〔…〕 그리고 우리는 이제 다른 어떤 사회도 이 사회만큼 표준화되지는 않았으며 또한 인간의 사회적이고 역사적인 시간성이 이토록 동질적으로 흐른 적은 없었다는 점도 깨닫고 있다. 지금 우리가 느끼기 시작한 것―적어도 시간의 차원에서 더 깊고 근본적인 포스트모더니티 자체의 구조로 등장하기 시작한 것―은 모든 것이 유행과 미디어 이미지의 영속적인 변화에 종속된 상황에서 앞으로는 어떤 것도 더 이상 변화할 수 없다는 점이다.[9]

의심할 바 없이 이것은 들뢰즈와 가타리가 자본주의 자체에 구성적이라 주장한 탈영토화의 힘과 재영토화의 힘 간의 투쟁을 보여 주는 또 다른 사례다. 극심한 사회적, 경제적 불안정성이 익숙한 문화적 형태들을 갈망하는 결과를 가져왔다는 사실은 그리 놀랍지 않다. 본이 핵심적인 반사 동작을 되풀이하듯 우리도 친숙한 문화적 형태들로 되돌아가는 것이다. 「메멘토」에서 레너드를 괴롭힌 증상, 즉 이론적으로 순수한 선행성 건망증도 이런 상황과 연관된 기억 장애다. 이 질환으로 고통받는 환자는 증상이 시작되기 이전의 과거는 온전히 기억할 수 있지만 새

---

9 Jameson, "The Antinomies of Postmodernity", *The Cultural Turn*, pp. 57~59.

로운 기억을 장기 기억으로 전환할 수는 없다. 이에 따라 새로운 것은 적대적이고 덧없으며 갈피를 잡을 수 없는 것으로 어렴풋하게 모습을 드러낸다. 그리고 환자는 옛것이 주는 안도감 속으로 물러난다. 새로운 기억들을 만들지 못하는 무능, 이것이 포스트모던한 곤경을 짚어 주는 간명한 정식이다.

　기억 장애가 자본주의 리얼리즘의 결함에 대한 설득력 있는 유비를 제공한다면, 꿈 작업dreamwork은 자본주의 리얼리즘의 매끄러운 작동을 설명해 주는 모델이 될 수 있을 것이다. 꿈꿀 때 우리는 망각하지만 곧바로 우리가 망각했다는 사실도 망각한다. 우리의 기억 안에 있는 간극과 공백은 포토샵으로 처리되듯 지워지기 때문에 우리를 괴롭히거나 고문하지 않는다. 꿈 작업이 하는 일은 작화된 일관성을 생산함으로써 이상 현상과 모순 들을 감추는 것이다. 동시대의 권력 형태를 이해할 수 있는 최고의 모델이 바로 꿈 작업이라고 주장했을 때 웬디 브라운은 이 점을 이해하고 있었다. 「미국의 악몽: 신보수주의, 신자유주의, 탈민주주의화」라는 글에서 브라운은 2008년까지 자본주의 리얼리즘의 미국적 판본을 이루고 있던 신보수주의와 신자유주의 간의 동맹이라는 문제를 풀어냈다. 브라운은 신자유주의와 신보수주의가 일관되지 않을 뿐 아니라 직접적으로 모순되는 전제들에 기반해 작동했음을 보여 준다. 그는 다음과 같이 묻는다.

목적과 수단이라는 두 층위에서 명백히 비도덕적인 합리성(신자유주의)은 명백히 도덕적이고 규제적인 합리성(신보수주의)과 어떻게 교차하는가? 의미의 세계를 비우고 삶을 밀어내거나 그 질을 떨어뜨리며 공공연하게 욕망을 착취하는 기획은 의미를 고정하거나 강화하고 일정한 삶의 방식들을 보존하며 욕망을 억압하고 규제하는 데 집중하는 기획과 어떻게 교차하는가? 기업을 모델로 한 거버넌스와 자기 이해에 기반한 규범적 사회조직을 지지하는 것은 교회 권위를 모델로 한 거버넌스와 자기 희생 및 장기적인 충성심이라는 규범에 기반한 사회 조직, 즉 고삐 풀린 자본주의에 의해 산산조각이 난 그 사회 조직을 지지하는 것과 어떻게 결합하거나 격돌하는가?[10]

그러나 브라운이 '정치적 합리성'이라고 부르는 층위에서 나타나는 둘의 모순적 관계는 정치적 주체성의 층위에서 맺어지는 공생 관계를 전혀 방해하지 않는다. 그리고 신자유주의와 신보수주의가 상이한 가정을 따르며 전개되었다 하더라도 브라운의 논리에 따르면 이 둘은 공적 영역 및 민주주의를 침식하는 데 있어서는 서로 협력하며, 정치적 과정이 아니라 상품에서 해결책을 찾기를 기

10 Wendy Brown, "American Nightmare: Neoliberalism, Neoconservatism, and De-Democratization", *Political Theory*, Vol. 34 No. 6, 2006, p. 692.

대하는 피지배 시민을 만들어 냈다. 그가 주장하길

선택하는 주체와 지배받는 주체는 결코 대립하지 않는
다. 프랑크푸르트 학파 지식인이나 그들에 앞서 플라톤
은 개인적 선택과 정치적 지배의 양립 가능성을 이론화
했다. 또한 민주주의적 주체들이 정치적 폭정이나 권위
주의에 이용될 수도 있음을 보여 주었는데, 정확히 이
주체들은 자신이 자유로 오해하는 선택과 욕구 충족의
영역에 몰입해 있기 때문이다.

브라운의 논점을 조금 더 밀고 나가면 신보수주의와
신자유주의의 기이한 종합은 이 둘이 공유하는 혐오 대
상, 즉 이른바 보모 국가와 그에 의지해 살아가는 사람들
에 대한 거부를 통해 이루어졌다는 가설을 세울 수도 있
을 것이다. 반국가주의적 수사를 피력함에도 불구하고 신
자유주의는—2008년의 은행 긴급 구제가 입증한 것처
럼—실제로는 국가 자체가 아니라 국가 자금의 특수한 사
용 방식에 반대한다. 한편 신보수주의가 원했던 강한 국
가는 그 기능이 군사 및 치안 영역에 한정되어 있었고 신
보수주의는 개인의 도덕적 책임을 허문다고 간주된 복지
국가와의 대립 속에서 스스로를 정의했다.

8

"중앙 교환국은 없다"

보모 국가 개념은 신자유주의와 신보수주의 양편에서 맹
비난을 받았지만 자본주의 리얼리즘에 계속 출몰하고 있
다. 큰 정부라는 유령은 자본주의 리얼리즘과 관련해 대
단히 중요한 리비도적 기능을 수행한다. 정확히 중앙 집
권적 권력으로 작동하는 데 실패했다는 이유로 비난받기
위해 거기에 있는 것이다. 큰 정부를 향한 분노는 신이 존
재하지 않기에 신에게 침을 뱉었다는 토머스 하디의 분노
와 아주 비슷하다. 제임스 미크가 영국의 수도 민영화에
대한 인가 평가 기준 서류를 관찰한 바에 의하면 "보수당
정부와 노동당 정부는 자신들이 민간 기업에 권력을 넘긴
뒤 그 기업이 엉망이 되면 유권자들은 그 기업이 권력을
남용한 것보다 정부가 권력을 내준 사실을 더 비난한다는
것을 알게 되었다". 미크는 2007년 영국을 덮친 홍수에 큰
피해를 입은 도시 중 하나인 튜크스베리를 재난 발발 1년
뒤에 방문한 차였다. 홍수와 그에 이은 공공 서비스의 실
패는 민영화된 수도 회사 및 건축 업체 들의 잘못이었다.
하지만 미크는 대다수 지역 주민이 이처럼 이해하지 않는

다는 것을 알게 되었다. 그는 다음과 같이 쓰고 있다.

튜크스베리에서는 일반적으로 주택을 지은 건축업체
나 집을 구매한 사람보다 건축업체들을 규제하지 못했
다는 이유로 정부, 의회, 환경청 등을 더 적대시한다. 보
험 회사들이 보험료를 인상하면 사람들은 보험료를 인
상한 보험 회사 또는 홍수가 일어나기 쉬운 계곡에 살면
서도 그만큼의 추가금을 지불하기 싫어하는 이들이 아
니라 홍수 방비에 충분한 예산을 쓰지 않은 정부를 비난
한다.[1]

이런 현상은 다른 종류의 재앙인 2008년 은행 위기 때
훨씬 더 거대한 규모로 반복되었다. 미디어는 위기의 체
계적인 원인 대신에 개별 은행가들의 월권 행위와 정부의
위기 대응 방식에 초점을 맞췄다. 나도 그런 재앙에 일조
했던 신노동당을 절대로 용서하고 싶지 않다. 하지만 정
부에 초점을 맞추면 비도덕적인 개인들에게 초점을 둘 때
와 마찬가지로 문제를 굴절시키게 된다는 점을 인식해야
한다. (자신의 사업이 친구들이 엉망진창으로 만들어 놓은
상태를 수습하고자 뛰어다니는) 무능한 정부를 희생양으
로 삼는 것은 어떤 불신에서, 즉 전 지구적 자본주의가 초

---

1 James Meek, "When the Floods Came", *London Review of Books*, Vol. 30 No. 15, 31 July 2008.

래한 정부의 주변화라는 결과는 받아들이기를 거부하면서도 보모 국가는 지속적으로 적대시하는 태도에서 비롯한다. 아마도 이는 정치적 무의식의 층위에서는 총괄하는 관리자가 존재하지 않는다는 사실을 받아들이는 것이 불가능하다는 신호, 우리가 지금 지배 권력에 대해 가장 먼저 떠올리는 이미지가 모호하고 설명할 수 없는 이해 관계 속에서 무책임하게 행동하는 기업 같은 것이 되었다는 신호일 것이다. 이는 물신주의적 부인의 한 사례다. "우리는 정부가 뒤에서 조종하고 있지 않다는 걸 완전히 잘 알고 있어. 그럼에도 불구하고…" 이런 부인이 발생하는 까닭은 부분적으로 전 지구적 자본주의의 중심 없음이 원래 사고 불가능하기 때문이다. 사람들은 이제 소비자로 호명되고―또한 웬디 브라운이나 다른 이들이 지적한 것처럼 정부 자체가 일종의 상품이나 서비스로 제시되고― 있지만 여전히 스스로를 시민으로(시민인 것처럼) 생각하지 않을 수 없다.

우리 대부분은 콜 센터와 맞닥뜨릴 때 자본주의의 중심 없음을 가장 가까이에서 경험하게 된다. 후기 자본주의의 소비자인 우리는 점점 더 두 개의 구별되는 현실에서 살아간다. 한편에 서비스들이 순탄하게 제공되는 현실이 있다면 다른 한편에는 전적으로 다른 현실, 즉 콜 센터의 그 미친 듯한 카프카적 미로, 기억 없는 세계가 있다. 후자의 현실에서는 원인과 결과가 불가사의하고 헤아릴 수 없는 방식으로 결합되어 있으며, 무슨 일이 발생한다는 것 자체가 하나의 기적이어서 우리는 사태가 매끄럽게 진행되는 듯 보이는 다른 면으로 건너갈 수 있으리라는 희망조차 가질 수 없다. 자신이 홍보하는 내용에 부응하지 못하는 신자유주의의 실패를 콜 센터보다 더 잘 예시해 주는 사례도 없을 것이다. 하지만 콜 센터에 대한 불쾌한 경험이 보편적이더라도 자본주의가 본래부터 효율적이라는 가정이 깨지는 일은 생기지 않는다. 마치 콜 센터의 문제가 자본 논리의 체계적인 결과는 아니라는 듯이, 즉 이 조직은 실제로 무언가를 판매하지도 못하면서 이윤을 만드는 데만 혈안이 되어 있는 곳이라는 듯이 말이다.

콜 센터 경험에는 후기 자본주의의 정치적 현상학이 집약되어 있다. 활기찬 어조의 홍보에 말문이 막히면서 느끼는 따분함과 좌절감, 상담원들이 제대로 교육받지 못했거나 잘못된 정보를 알고 있어 상담원을 바꿔 가며 똑같은 세부 내용을 여러 번 반복해 들어야 할 때의 답답함, 책임자가 없기 때문에, 즉 (콜 센터에 전화를 걸면 바로 알게 되듯) 제대로 아는 사람도 없고 문제를 해결할 수 있을 때라도 그럴 권한이 있는 사람이 없기 때문에 무력하게 기다리면서 쌓여 가는 노여움 등이 그런 현상이다. 이런 상황에서는 분노를 터뜨리는 것 외에는 할 수 있는 일이 없다. 이 분노는 허공을 향해 가해지는 공격, 자신과 마찬가지로 체계의 희생자이지만 그에 대한 연대의 가능성은 없는 누군가를 향한 공격으로 표출된다. 분노에 적절한 대상이 없듯 분노가 초래하는 공격 역시 아무 효과도 낳지 못할 것이다. 이처럼 무반응이고 비인격적이고 중심이 없고 추상적이며 단편적인 체계를 경험할 때 우리는 자본의 인위적인 우둔함을 한껏 가까이에서 맞닥뜨리게 된다.

우리가 콜 센터에 터뜨리는 분노의 경험은 카프카가 전체주의를 다룬 독보적인 작가로 여전히 제대로 이해되지 못하고 있음을 보여 주는 또 하나의 삽화다. 탈중심화된 시장 스탈린주의적 관료주의는 중앙 책임 기관이 있는 관료주의보다 훨씬 더 카프카적이다. 가령 K가 성 안에 있는 통신 체계와 조우하는 그 암울한 소극을 보자. 이 부분이 콜 센터 경험을 기이하게 예언하고 있음을 어렵지 않게 이해할 수 있다.

마을에서 성으로 전화가 제대로 연결되는 경우는 없고, 우리의 전화를 연결해 줄 중앙 교환국 같은 것도 없어요. 이곳에서 누군가 성으로 전화를 걸면, 저쪽에서는 가장 하급 부서의 모든 전화기가 울리게 되는데, 내가 분명히 알기로는 거의 모든 전화기에 알림 장치가 꺼져 있지 않는 한 모든 전화기가 한꺼번에 울릴 거예요. 그런데 가끔은 지친 관리가 머리를 좀 식히려고—특히 저녁이나 밤에—알림 장치를 켤 때가 있고, 그런 경우 우리는 대답을 듣기도 하는데 물론 그것은 장난일 뿐이죠. 그거야 뭐, 충분히 이해할 수 있지요. 아주 중요하고 늘 시급하게 처리해야 할 일들이 있는 그곳에 누가 감히 사소한 개인적 용무로 전화를 걸어 방해를 하겠어요? 한편 이해할 수 없는 것은, 외지인이 예를 들어 소르디니에게 전화를 걸었을 때 대답하는 상대방이 정말 소르디니인지 어떻게 믿을 수 있느냐는 거죠.[2]

K의 반응은 콜 센터라는 미로에 갇혀 당황하는 개인의 좌절을 예고한다. 콜 센터 상담원과의 대화 중 상당 부분은 다다이즘처럼 난센스로 보이지만, 그 대화를 그렇게 취급할 수는 없으며 중요치 않은 일로 일축할 수도 없다.

"제가 파악한 바와 다르네요." K가 말했다. "그런 자세한 사항은 알 수 없었지만, 사실 전화 통화를 그렇게 신뢰한 것도 아닙니다. 나는 성에서 직접 경험하거나 성취하는 것만이 실질적인 의미를 갖고 있다는 점을 늘 의식하고 있죠."
"그렇지는 않아요." 촌장이 말꼬리를 잡고 늘어졌다. "그런 전화 응답은 당연히 실질적인 의미를 갖고 있어요, 왜 안 그러겠소? 성의 관리가 주는 전언이 어떻게 무의미할 수 있겠어요?"[3]

카프카의 비범한 천재성은 자본에 고유한 부정 무신론[4]을 탐사했다는 점이다. 중앙은 행방불명이다. 하지만 우

---

2 프란츠 카프카, 『성』, 권혁준 옮김, 창비, 2015, 106쪽.
3 같은 책, 106~107쪽.

리는 그것을 찾거나 정립하는 일을 멈출 수 없다. 거기에 아무것도 없다는 의미가 아니다. 오히려 책임을 질 수 없는 무엇이 거기에 있다는 뜻이다.

캠벨 존스는 「재활용한다고 가정된 주체」라는 글에서 이 문제를 다른 각도로 다룬다.[5] 존스는 "재활용한다고 가정된 주체는 누구인가?"라는 물음을 제기하면서 너무 당연하게 여겨져 그에 저항하는 것이 비윤리적일 뿐 아니라 무의미해 보이기까지 하는 하나의 명령을 탈자연화한다. 오늘날 모두가 재활용한다고 가정된다. 자신의 정치적 신념이 무엇이든 누구도 이 명령에 저항해서는 안 된다. 우리가 재활용해야 한다는 요구는 정확히 전이데올로기적이거나 포스트이데올로기적인 명령으로 정립되어 있다. 달리 말하면 이데올로기가 언제나 제 역할을 다하고 있는 공간에 그 요구가 위치해 있다는 뜻이다. 그러나 존스의 주장에 의하면 재활용한다고 가정된 주체는 재활용한다고 가정되지 않은 구조를 전제한다. 즉 재활용을 '모두'

4　'부정 신학'negative theology에 의하면 초월적 존재로서의 신에 대한 긍정적인 규정은 제한적이고 불완전할 수밖에 없기에 무엇이 아니라는 부정을 통해서만 신의 무한한 본질을 정립할 수 있다. 여기서 지은이는 부정 신학과 동일한 위상학적 구조를 보이지만 초월성의 자리를 전능한 신이 아니라 책임을 지울 수 없는 자본–대타자가 차지하고 있는 오늘날의 이데올로기적 구조를 설명하기 위해 '부정 무신론'negative atheology이라는 조어를 가져오고 있다.

5　Campbell Jones, "The Subject Supposed to Recycle", *Philosophy Today*, Vol. 54 Issue 1, Spring 2010.

의 책임으로 만들 때 구조는 자체의 책임을 소비자에게 떠넘기면서 자연스럽게 보이지 않는 곳으로 물러난다. 그 어느 때보다 요란스레 개인의 윤리적 책임을 호소하는 지금—주디스 버틀러는 『전쟁의 프레임들』이라는 책에서 이런 현상을 가리키기 위해 '책임화'responsibilization[6]라는 용어를 사용한다—오히려 가장 전체적인 차원의 구조에 내기를 걸어야 한다. 각 개인 모두가 기후 변화에 책임이 있으며 우리가 각자의 본분을 다해야 한다고 말하는 대신에 아무도 책임이 없으며 그것이 바로 문제라고 말하는 편이 더 나을 것이다. 생태 재앙의 원인은 어떤 비인격적인 구조다. 그 구조는 온갖 방식의 효과를 만들어 낼 수 있지만 정확히 말해 책임을 질 수 있는 주체는 아니다. 우리에게 필요한 주체, 즉 집합적인 주체는 존재하지 않는다. 하지만 우리가 지금 직면해 있는 전 지구적인 다른 모든 위기와 마찬가지로, 생태 위기에 대응하기 위해서는 그에 적합한 주체가 구축되어야 한다. 그런데 적어도 라이브 에이드 공연의 합의적 감성이 광원 파업의 적대를 대체했던 1985년 이래 영국의 정치 문화에 자리 잡아 온 윤리적 직접성에 대한 호소는 그런 주체의 등장을 끝없이 지연시키고 있다.

아르민 베베룽겐이 앨런 J. 파큘라의 1974년 영화 「패

---

6 신자유주의적 변화의 일환으로서 이전에는 대개 국가 기관이 맡았던 의무나 일을 개인이나 지역 공동체 스스로가 능동적으로 해결하도록 만든 책임의 개인화 과정을 뜻한다.

럴랙스 뷰」[7]를 다룬 글도 유사한 쟁점을 다루고 있다.[8] 이 글은 「패럴랙스 뷰」가 어떤 (비즈니스) 윤리 모델이 망가지는 방식에 대한 일종의 도해를 제공하고 있다고 본다. 문제는 대부분의 윤리학이 가정하는 개인의 책임 모델이 자본이나 기업의 행위에 대해서는 거의 쓸모가 없다는 점이다. 어떤 의미에서 「패럴랙스 뷰」는 메타 음모론 영화다. 즉 음모에 관한 영화일 뿐 아니라 그것을 밝히려는 시도의 무력함에 관한 영화이기도 하다. 더 심각하게는 특정한 조사 형태가 어떻게 해서 자신이 밝히려 하는 바로 그 음모를 부양하게 되는가를 보여 주는 영화다. 이 말의 의미는 워런 비티가 연기한 기자가 자신이 조사하던 범죄의 주범으로 누명을 쓰고 살해당한다는 것, 기업에 고용된 암살범이 쏜 총알 한 방으로 그 기자가 깔끔하게 제거되고 그가 진행해 온 조사도 무마된다는 것만이 아니다. 제임슨이 『지정학적 미학』에서 이 영화를 논평하며 주목했듯이 우리는 또한 이 기자가 누명을 쓰는 이유가 바로 그의 저돌성, 유사 반사회적 개인주의 때문임을 눈여겨보아야 한다.[9]

---

7 국내에는 「암살단」이라는 제목으로 나와 있다.

8 Armin Beverungen, "The Parallax of Business Ethics", European Business Ethics Network UK conference, Bristol, 6th~8th April 2009.

9 프레드릭 제임슨, 『지정학적 미학: 세계 체제에서의 영화와 공간』, 조성훈 옮김, 현대미학사, 2007, 106쪽 이하.

내가 보기에 「패럴랙스 뷰」의 무시무시한 절정의 순간, 즉 비티를 노리는 익명의 암살범 실루엣이 아찔한 백색 공간을 배경으로 등장하는 순간은 전혀 다른 영화인 피터 위어의 「트루먼 쇼」 말미에 나오는 열린 문과 맞아떨어진다. 그러나 위어의 영화에서 수평선 위에 떠 있으며 칠흑 같은 공간으로 통하는 그 문이 전적인 결정론의 우주에 생긴 하나의 틈, 실존주의적 자유가 의존하는 무를 함축한다면, 「패럴랙스 뷰」의 "마지막 부분에 등장하는 열린 문은 끝없이 음모에 따라 조직되고 통제되는 세계를 향해 열려 있다".[10] 총을 들고 입구에 서 있는 이 익명의 인물에게서 우리는 음모 자체에 가장 근접한 것을 보게 된다. 「패럴랙스 뷰」는 음모 자체에 대해서는 아무것도 설명하지 않는다. 영화는 결코 한 명의 악한 개인에게 초점을 맞추지 않는다. 영화 속 음모의 이해 관계나 동기가 기업과 결부되어 있을 것이라고 추측할 수는 있지만 구체적인 설명이 주어지지는 않는다(어쩌면 영화에서 음모에 연루된 사람들 자신도 그 이해 관계나 동기를 모르고 있을 것이다). 패럴랙스사Parallax Corporation가 정말로 무엇을 원하는지 누가 알겠는가? 이 기업은 자체로 정치와 경제의 시차parallax 속에 위치해 있다. 패럴랙스사는 정치적 이해 관계를 위한 상업적 대리인인가 아니면 정부 기구 전반이 이 기업을 위한 대리인인가? 패럴랙스사가 실제로 존재

---

10   같은 책, 108쪽.

하는지는 불분명하다. 게다가 이 기업의 목적이 존재하지 않는 척하는 것인지 아니면 존재하는 척하는 것인지도 불분명하다.

자본주의에는 확실히 음모들이 있다. 그러나 문제는 더 깊은 층위의 구조 덕분에 그 음모들이 작동할 수 있다는 것이다. 예를 들어 관리자 집단이나 은행가 계급을 전반적으로 새로운 일군의 ('더 선한') 사람들로 대체하면 사태가 나아지리라고 누구도 진심으로는 생각하지 않는다. 반대로 악덕 행위가 구조 탓에 발생한다는 것 그리고 구조가 그대로 있는 한 악덕 행위가 재생산되리라는 것은 자명하다. 파큘라 영화의 힘은 정확히 기업적 음모에 고유한 그림자 같은, 중심 없는 비인격성을 환기시킨다는 데 있다. 제임슨이 언급하듯 파큘라의 「패럴랙스 뷰」는 기업이 지닌 특수한 정서적 색조를 아주 잘 담아낸다.

음모의 실행자들이 염려하는 것은 미소 띤 얼굴의 자신감을 보여 주는 문제다. 그들의 뇌리를 사로잡고 있는 생각은 개인적인 것이 아닌 기업 차원의 관심사로, 네트워크나 제도의 활력에 대한 염려다. 또한 그들이 염려하는 것은 희생자들의 진을 빼게 하는 그런 어설픈 추측은 아니지만 집단적 조직의 빈 공간을 채우고 있는 출처를 알 수 없는 산만함이나 부주의함이다. 이 사람들은 알고 있으며, 이에 따라 스스로를 강렬하지만 그 중력의 중심이 다른 어딘가에 있는 자기 만족적인 관심사 속에 있는 인물, 즉 완전히 몰입해 집중하면서도 동시에 무관심 속에 있는 인물로 제시할 수 있다. 희생자와 마찬가지로 탈개인화되어 있으나 아주 상이한 유형의 이런 염려는 이제 개별 악당들에게는 어떤 개인적인 결과도 가져오지 않는, 무의식적이고 기업 차원에 속한 그 고유의 불안을 실어 나른다.[11]

"개별 악당들에게는 어떤 개인적인 결과도 가져오지 않는"이라는 구절은 장 샤를 드 메네제스와 이언 톰린슨[12]이 사망하고 은행 체계가 커다란 실패를 맛본 후인 바로 지금을 떠올리게 한다. 그리고 제임슨이 여기서 묘사하는 것은 괴사해 가는 고치cocoon와 같은 기업 구조다. 관리자 집단을 보호하려 할수록 기업 구조는 이 집단을 무감각하게 만들고, 공동화空洞化되고 부재하게 만들며, 그들의 관심사가 언제나 전치되도록, 그들이 들을 수 없도록 만든다. 부푼 희망으로 새로이 경영진으로 올라선 많은 사람이 하는 착각은 정확히 그들 개인이 사태를 변화시킬 수 있다고, 본인은 자신의 관리자들이 해 온 일을 되풀이하지 않을 것

11 같은 책, 116쪽.

12 장 샤를 드 메네제스는 2005년 스톡웰 지하철역에서 전날 발발했던 실패한 폭탄 공격 시도에 연루된 도주자 중 한 명으로 오인되어 런던 경찰관에 의해 살해된 브라질 남성이다. 이언 톰린슨은 신문 가판대 판매상이었는데 2009년 런던에서 열린 G20 정상 회의 기간에 벌어진 시위 도중 경찰의 폭력으로 사망했다.

이며 사태가 이번에는 다를 것이라고 생각한다는 점이다. 그러나 누구든 경영에 발을 들여놓으면 그리 오래지 않아 권력의 잿빛 화석화에 포섭되기 시작한다. 구조를 감지할 수 있는 곳이 바로 여기다. 즉 우리는 여기서 실제로 구조가 사람들을 지배하는 모습을 볼 수 있으며, 사람들을 통해 말하는 구조의 무감각한/무감각해지게 만드는 판단을 들을 수 있다.

이런 이유로 기업 구조가 굴절시키는 개인의 윤리적 책임을 성급하게 부과하려는 것은 잘못이다. 슬라보예 지젝이 주장하듯 이는 신용 위기가 대두하는 상황에서 자본주의 체계가 스스로를 보호하고자 활용하고 있는 윤리적인 것의 유혹이다. 이 경우 비난의 대상은 체계 자체가 아니라 이른바 병리적인 개인 및 이들의 '체계 남용'이 될 것이다. 그런데 이런 회피는 실제로는 두 단계 절차로 이루어진다. 왜냐하면 구조는 많은 경우 정확히 그 기업 구조에 속한 개인들이 처벌받을 가능성이 있을 때만 (암묵적으로든 공공연하게든) 환기될 것이기 때문이다. 이 순간에 남용이나 잔혹 행위의 원인들은 갑자기 아주 체계적이고 곳곳에 편재한 것으로 간주되어 어떤 개인에게도 책임을 물을 수 없게 된다. 이것이 바로 힐스버러의 축구 재앙,[13]

13 1989년 4월 15일 노팅엄 포레스트와 리버풀의 FA컵 준결승 경기가 열린 '힐스버러 스타디움'에서 리버풀 축구 팬 96명이 밀려든 관중에 목숨을 잃은 사건을 말한다. 당시 경찰은 입장권도 없이 만취한 팬들 때문에 사고가 발생했다고 발표했고 결국 단순

장 샤를 드 메네제스 소극, 그리고 다른 많은 사례에서 일어난 일이다. 그러나 이런 교착 상태—행위에 윤리적인 책임을 물을 수 있는 대상은 개인들뿐이지만 이러한 남용이나 잘못의 원인은 기업이나 체계에 있는 상황—가 단지 위장偽裝인 것은 아니며 정확히는 자본주의에 결여되어 있는 것을 가리킨다. 어떤 기관들이 비인격적인 구조를 규제하고 통제할 수 있는가? 기업 구조를 벌주는 일은 어떻게 가능한가? 분명 법률상 기업은 개인〔법인〕으로 취급될 수 있다. 그러나 문제는 모든 기업이 각기 독립체이기는 하지만 개별적인 인간과는 다르며, 따라서 기업을 처벌하는 것과 개인을 처벌하는 것 사이의 어떤 유비도 빈약해질 수밖에 없다는 점이다. 그리고 기업이 모든 것의 배후 깊숙이 있는 행위자인 것 같지는 않다. 기업들 자체는 주체-가-아닌-궁극적인 원인, 즉 자본에 의해 제약되어 있는 것이자 자본의 표현이다.

사고사라는 평결이 나왔으나, 이후 유족과 리버풀 팬들은 진상 규명을 촉구하는 캠페인을 지속했고, 결국 27년이 지난 2016년 4월 참사의 원인이 팬들의 잘못이 아니라 경찰의 과실 치사라는 평결이 내려졌다.

9

마르크스주의적
슈퍼 보모

슬라보예 지젝이 후기 자본주의에서의 아버지 기능의 실
패, 부성적 초자아의 위기로 파악했던 것의 가장 분명한
삽화는 「슈퍼 보모」[1]의 전형적인 구성에서 볼 수 있다. 이
텔레비전 프로그램은 포스트모더니티의 자유 방임적 쾌
락주의에 대한 가차 없는—물론 함축적이기는 하지만—
공격이라 할 만한 것을 제공한다. 슈퍼 보모가 스피노자
처럼 아이들이 내버려진 상태에 있음을 기정 사실로 간주
하는 한 그녀는 스피노자주의자다. 아이들은 자신의 이해
관계를 인식할 수 없으며 자기 행위의 원인이나 (일반적
으로 해로운) 효과를 파악할 수 없다. 그러나 슈퍼 보모가
직면하는 문제는 백치 같은 쾌락주의자로 여겨질 뿐인 아
이들의 행위나 특징에서 생기는 것이 아니라 부모들과 관
계된다. 가족 안에서 발생하는 고통의 대부분은 부모들이
쾌락 원칙의 궤적, 즉 최소한의 저항이라는 길을 따르는

---

1 2004~2011년에 영국의 채널 4에서 방영한 프로그램으로,
관찰과 실험을 통해 다양한 육아법을 알려 주는 내용으로 구성되어
있다.

데서 유발된다. 금방 익숙해지는 편한 생활을 추구하는 가운데 부모들은 아이의 모든 요구에 응하게 되고, 이 과정은 점점 더 압제적인 것으로 변한다.

한때 '공공 서비스'라 불리던 일에 종사하는 수많은 교사나 여타 노동자와 비슷하게 슈퍼 보모는 가족이 더 이상 감당할 수 없는 사회화 문제를 해결해야 한다. 물론 마르크스주의적 슈퍼 보모가 있다면 동일하게 반복되는 결과를 만들어 내는 구조적 원인을 검토하기 위해 개별 가족의 분쟁을 조정하는 일은 사양할 것이다.

문제는 후기 자본주의가 욕망과 이해 관계 간의 동등성—과거의 육아는 이를 일축하곤 했다—을 주장하고 이 동등성에 의존한다는 점이다. 의무라는 '부성적' 개념이 즐기라는 '모성적' 명령에 포섭되어 온 문화에서는 부모가 향유를 누릴 아이의 절대적 권리를 조금이라도 방해하면 의무를 다하지 못하는 것처럼 보일 수 있다. 부분적으로 이는 맞벌이에 대한 요구가 점점 거세진 결과다. 아이를 제대로 돌보기 힘든 이런 환경에서 부모는 아이에게 무엇을 해야 할지 말해 주는 '억압적' 기능을 담당하지 않으려 할 것이다. '문지기' 역할을 거부하고 청중들이 이미 원하는 (듯 보이는) 것만을 주는 문화 생산의 층위에서는 이런 경향이 배가된다. 구체적인 물음은 이렇다. 부성적 초자아로의 회귀, 가령 가정에서의 완고한 아버지, 방송에서의 리스주의적[2] 오만함 등으로 회귀하기가 가능하지도 바람직하지도 않다면, 우리는 도전하기를 거부하고 교육하기를 거부하는 데서 연유하는 단조로우며 빈사 상태에 처한 순응의 문화를 어떻게 극복할 수 있는가? 당연히 이 짧은 책에서 최종적인 답을 내놓을 수는 없다. 여기서 제시하는 설명은 몇몇 출발점이나 제안 정도일 것이다. 그렇더라도 간략히 말하면 나는 바로 스피노자가 '아버지 없는 부성주의'가 어떤 것일지 생각해 볼 최선의 자원을 마련해 주었다고 생각한다.

잘 알려진 것처럼 지젝은『부정적인 것과 함께 머물기』에서 일부 스피노자주의가 후기 자본주의의 이데올로기라고 주장한다. 그는 스피노자가 건강 개념에 기반해 윤리학의 의무론을 거부한 것이 자본주의의 도덕 관념 없는 감정 공학과 마찬가지로 평면적이라고 생각한다. 이와 관련된 유명한 사례는 타락과 법의 정초라는 신화에 대한 스피노자의 독해다. 스피노자의 설명에 의하면 신이 사과를 먹은 아담을 비난한 까닭은 그 행위가 잘못이기 때문이 아니다. 신은 사과가 아담을 독으로 해칠 것이기 때문에 그에게 먹지 말아야 한다고 말한다. 지젝이 보기에 이는 아버지 기능의 종결을 극적으로 표현하고 있다. 여기서 어떤 행위가 잘못인 이유는 아버지가 그렇게 말하기 때문이 아니다. 아버지는 그 행위를 실행하면 우리에게 해로울 것이기 때문에 그것이 '잘못'이라고 말할 뿐이다.

2   영국 BBC 초대 총국장인 존 리스가 방송은 공중을 계몽하고 교육할 책임이 있다는 신념을 가지고 세운 엄격한 방송 원칙.

지젝의 관점에서 볼 때 스피노자의 조치는 어떤 사디스트적인 절단 행위(거세라는 잔혹한 절단)에 법을 정초하지 못하게 하고, 이와 동시에 모든 책임을 떠맡는 순수한 자유 의지의 행위 안에 그 주체를 무조건적으로 정립하는 것도 허용하지 않는다. 그렇지만 사실 스피노자는 후기 자본주의의 정서적 체제, 즉 윌리엄 버로스, 필립 K. 딕, 데이비드 크로넨버그 등이 묘사했던 비디오-드롬-통제 장치—여기서 개인은 정신이나 신체를 취하게 만드는 것들의 환등상적 연무 속으로 용해된다—를 분석하는 데 대단히 유용한 자원을 지니고 있다. 버로스처럼 스피노자는 중독이 일탈적 상황이 아니라 인간 존재의 표준 상태임을 보여 주는데, 이 인간 존재는 (자신들 및 세계의) 얼어붙은 이미지에 의해 습관적으로 반응적, 반복적 행동에 사로잡히게 된다. 스피노자에 따르면 자유란 우리가 우리 행위의 실제 원인을 파악할 수 있을 때만, 우리를 취하게 만들고 도취시키는 '슬픔의 정념들'sad passions을 물리칠 때만 성취될 수 있는 어떤 것이다.

후기 자본주의가 자신의 금지 명령 상당수를 건강(의 어떤 판본)에 대한 호소로 표현한다는 데는 의심의 여지가 없다. 공공 장소에서의 흡연 금지, 「당신이 먹는 것이 바로 당신이다」 같은 프로그램에서 드러나는 노동 계급 식습관에 대한 가차 없는 악마화 등은 우리가 이미 아버지 없는 부성주의에 직면하고 있음을 알려 준다. 흡연이 '잘못'은 아니지만 오랫동안 즐겁게 살지는 못하게 한다는 식이다. 그러나 건강한 상태에 대한 이런 강조에는 한계가 있다. 가령 정신 건강이나 지적인 성숙의 문제는 거의 주목받지 못한다. 대신에 우리는 '좋은 느낌을 주고 좋아 보이는 것'이 전부인 환원주의적이고 쾌락주의적인 건강 모델을 본다. 사람들에게 어떻게 체중을 줄이고 어떻게 집을 꾸며야 하는지 말하는 것은 수용할 수 있다. 그러나 모종의 문화적 개선까지 요구하면 그것은 억압이고 엘리트주의다. 이른바 엘리트주의와 억압은 제3자가 누군가의 이해 관계를 그 자신보다 더 잘 알 수도 있다는 통념(예컨대 흡연자들은 자신의 이해 관계를 모르거나 그 이해 관계에 부합하게 행동할 수 없다고 여겨진다)에 있지 않다. 정말이지 문제는 특정 유형의 이해 관계만이 적절한 것(합의된 가치를 반영하고 있다는 이유로)으로 간주된다는 점이다. 체중 감량하기, 집 꾸미기, 외모 가꾸기 등은 '합의적 감성의'consentimental 체제에 속한다.

기술 웹 저널 『레지스터』와의 빼어난 인터뷰에서 다큐멘터리 영화 감독 애덤 커티스는 이 정서적 관리 체제를 개괄적으로 설명한다.

텔레비전은 지금 우리가 어떻게 느껴야 하는지를 알려 줍니다. 그러나 우리가 무엇을 생각해야 하는지는 더 이상 말해 주지 않습니다. 드라마 「이스트엔더스」부터 리얼리티 방식의 쇼 프로그램까지 우리는 사람들의 감정 여행에 동행합니다. 그리고 텔레비전은 편집을 통해 모두가 동의하는 감정 형태가 어떤 것인지 우리에게 부드럽게 암시합니다. 저는 그것을 '포옹과 키스'라 부르죠. 저는 이 표현을 마크 라벤힐에게서 빌려 왔는데, 그는 텔레비전을 분석해 보면 하나의 안내 체계임을 알 수 있다는 요지의 뛰어난 글을 쓴 적이 있어요. 그 글에 따르면 텔레비전은 누가 선한 감정을 품고 있고 누가 악감정을 품고 있는지 우리에게 알려 줍니다. 그리고 악감정을 품은 사람은 마지막 순간에 '포옹과 키스'로 치유되죠. 텔레비전은 정말이지 도덕을 안내하는 체계가 아니라 감정을 안내하는 체계입니다.

도덕성은 감정으로 대체되어 왔다. 커티스의 주장에 의하면 "자아의 제국"에서는 모든 사람이 모종의 유아론 唯我論 상태를 벗어나지 못한 채 동일한 감정을 느낀다.

사람들은 자기 내부에 사로잡혀 있기 때문에, 즉 개인주의의 세계 안에서 모두가 자신의 감정에 사로잡혀 있고 자신의 상상에 사로잡혀 있기 때문에 고통받고 있습니다. 공공 서비스를 제공하는 방송인으로서 우리 일은 사람들이 자기 자아의 한계를 극복할 수 있도록 이끄는 것입니다. 그 일을 하기 전까지 우리는 계속해서 퇴보할 테죠.
BBC는 이것을 깨달아야 합니다. 제 관점이 이상적이기는 하죠. 그러나 만일 그 일을 해내고 사람들이 자기 자아를 극복하도록 이끌 수 있다면 BBC는 경쟁을 뛰어넘는 방식으로 갱신될 수 있을 겁니다. 경쟁은 작은 자아 속에 갇혀 있는 사람들을 만족시키려는 강박에 사로잡혀 있습니다. 실제로 막강한 권력을 지닌 루퍼트 머독도 어떤 점에서는 자아의 덫에 걸려 있어요. 자아를 충족하는 것이 바로 그의 일이죠.

BBC로서는 이것이 나아가야 할 다음 단계입니다. 우리가 1950년대로 되돌아가 사람들에게 어떻게 옷을 입어야 하는지 말해 줘야 한다는 의미가 아니에요. 우리가 해야 할 일은 "우리는 당신을 스스로에게서 풀려나게 할 수 있다"고 말하는 것이죠. 그러면 사람들은 BBC를 사랑하게 될 거에요.[3]

커티스는 인터넷을 공격하는데 그의 관점에서 인터넷은 유아론자들의 공동체, 즉 서로의 가정과 편견에 도전하기보다는 그것들을 확인해 주는 마음 맞는 사람들끼리의 상호 수동적 네트워크를 촉진하기 때문이다. 이러한 공동체는 논쟁이 벌어지는 공적 공간에서 다른 관점들을 정면으로 마주하기보다는 닫힌 회로 속으로 후퇴한다. 그런데 커티스의 주장에 의하면 인터넷의 영향이 옛 미디어에 가한 충격은 재앙에 가깝다. 왜냐하면 옛 미디어의 반

3　Andrew Orlowski, "Adam Curtis: The TV elite has lost the plot", *The Register*, 20 November 2007.

동적인 대응은 미디어 종사자들로 하여금 교육하고 지도하는 역할을 완전히 포기하게 만들고, 또한 좌파와 우파 양편 모두에 만연한 포퓰리즘 기류에 편승해 온건하고 평이한 프로그램을 제작하도록 미디어 생산자들을 '협박'하기 때문이다.

커티스의 비판은 일리가 있지만 네트워크에서 발생하고 있는 사태의 중요한 차원을 놓치고 있다. 블로그 활동에 대한 커티스의 설명과는 반대로 블로그는 사이버 공간 외부의 사회적 장과 아무런 관련이 없는 새로운 담론 네트워크를 만들어 낼 수 있다. 옛 미디어가 점점 더 홍보에 포섭되고 소비자 보고서가 비판적 논고를 대체하는 상황에서 일부 사이버 공간 영역은 다른 곳에서는 맥 빠진 채 만연해 있는 '비판의 위축 상태'에 저항하도록 해 준다. 그럼에도 불구하고 포스트모던 미디어에서 볼 수 있는 참여의 상호 수동적 모사, 마이스페이스와 페이스북에서 보이는 네트워크 나르시시즘 등은 대체로 반복적이고 기생적이며 순응적인 내용을 생성해 왔다. 아이러니하게도 부성주의적인 것에 대한 미디어 계급의 거부는 놀라운 다양성으로 가득한 상향식 문화가 아니라 점점 더 유아화된 문화를 낳았다. 이와 대조적으로 시청자를 성인으로 대하면서 이들이 복합적이고 지적인 능력을 요구하는 문화 생산물에 대처할 수 있다고 가정하는 쪽은 부성주의 문화다. 초점 집단과 자본주의의 피드백 체계가 대단히 대중적인 상품들을 생산할 때조차 실패하는 까닭은 자신이 무엇을 원하는지를 사람들이 알지 못한다는 데 있다. 이는 사람들의 욕망이 이미 존재하지만 그 자신에게 감춰져 있기 때문만은 아니다(종종 있는 일이긴 하지만). 오히려 가장 강력한 형태의 욕망은 정확히 낯선 것, 예상하지 못한 것, 기이한 것 등에 대한 갈망이다. 사람들에게 이미 그들을 만족시켜 주고 있는 것과는 다른 무언가를 제공할 준비가 되어 있는 예술가와 미디어 전문가, 말하자면 모종의 위험을 감수할 준비가 되어 있는 자들만이 이런 욕망을 제공할 수 있다. 마르크스주의적 슈퍼 보모는 제한을 부여하는 자, 우리가 우리의 이해 관계를 스스로 인식할 수 없을 때 우리를 위해 행위하는 자일 뿐만 아니라 이런 종류의 위험을 감수할 준비가 되어 있고 낯선 것과 그에 대한 우리의 욕망에 내기를 걸 준비가 되어 있는 자이기도 할 것이다. 2차 세계 대전 이후의 사회적 합의라는 갑갑하고 중앙 집권적인 문화보다 자본주의의 '위험 사회'가 이런 종류의 위험을 감수할 가능성이 훨씬 더 적어 보인다는 점은 또 다른 아이러니다. 드라마 「팅커 테일러 솔저 스파이」, 해럴드 핀터의 연극, 안드레이 타르코프스키의 영화 등으로 나를 당혹스럽게 만들면서도 즐겁게 해 주었던 것은 다름 아니라 공공 서비스를 지향한 BBC와 채널 4였다. 또한 BBC 라디오포닉 워크숍의 대중적 전위주의에 자금을 댄 것도 당시의 BBC였는데, 이 덕분에 음향 실험주의가 일상 생활에 녹아들었다. 공적인 것이 소비를 위한 것으로 대체되면서 그런 혁신들은 이제 생각할 수도 없게 되었다. 구조적 불안정성이 지속되고 '장기적인 것이 말소된' 결과는 언제나 혁신이 아니라 침체와 보수주의다. 이는 역설이 아니다. 앞서 애덤 커티스의 언급이 분명히 알려 주듯 후기 자본주의를 지배하는 정서는 공포와 냉소주의다. 이런 감정은 대담한 사유나 기업가적 도약에 필요한 영감을 주지 못하고, 순응이나 변화 없는 상태에 대한 추종을 불러오며, 이미 성공을 거둔 상품과 아주 유사한 상품들만 제작하도록 유도한다. 반면 앞서 언급한 타르코프스키의 「솔라리스」나 「잠입자」 같은 영화─「에일리언」과 「블레이드 러너」 이후 할리우드에 강탈당한─는 표면상 소멸 직전 상태에 있던 브레즈네프 치하의 소비에트 국가에서 생산되었는데, 이는 소련이 할리우드를 대신하는 문화적 기업가 역할을 수행했음을 의미한다. 문화적 반향을 일으키기 위해서는 어느 정도의 안정성이 필수적이라는 점이 이제 분명해졌기 때문에 다음과 같은 물음을 제기해야 한다. 즉 이러한 안정성은 무엇에 의해 어떻게 제공될 수 있는가?

좌파가 큰 국가를 확립하려는 야망을 펼칠 시간은 지나갔다. 그러나 '국가로부터 거리 두기'는 국가를 포기하거나 지젝이 올바르게 주장하듯 신자유주의적 국가 지배의 완벽한 보완물인 사적인 정서 및 다양성의 공간으로 물러나는 것을 의미하지 않는다. 진정으로 새로운 좌파의 목적은 국가를 넘겨받는 것이 아니라 국가를 일반 의지에 종속시키는 것임을 이해해야 한다. 이는 자연스럽게 바로 그 일반 의지라는 개념 자체를 소생시킬 필요를, 개인 및 그들 이해 관계의 총합으로 환원할 수 없는 공적 공간이라는 관념을 되살리고 현대화할 필요를 수반한다. 자본주의 리얼리즘의 세계관이 지닌 '방법론적 개인주의'는 공적인 것과 같은 통념들을 '유령'으로, 내용 없는 환영적 추상으로 간주한다는 점에서 애덤 스미스나 프리드리히 하이에크의 철학만큼이나 막스 슈티르너의 철학도 전제하고 있다. 실재하는 것이라고는 개인(과 그들의 가족)뿐이라는 것이다. 이러한 세계관이 실패하고 있다는 징후는 10대들이 서로에게 총격을 가하는 일이 다반사가 되어 버리고 병원에서는 공격적인 슈퍼 박테리아[4]가 생성되는 와해된 사회 영역 어디에나 나타난다. 필요한 일은 결과를 구조적 원인과 연결하는 것이다. 거대 서사에 대한 포스트모더니즘의 의심에 맞서 우리는 이러한 징후들이 모두 고립된 우연적인 문제가 아니라 하나의 체계적 원인 즉 자본의 효과라고 재단언해야 한다. 우리는 존재론적으로 또한 지리학적으로 어디에나 편재해 있는 자본에 맞설 수 있는 전략들을, 마치 처음인 것처럼, 발전시키기 시작할 필요가 있다.

자본주의 리얼리즘은 2008년의 신용 위기를 거치면서도 처음의 겉모습(그리고 희망)과는 달리 약화되지 않

---

4 항생제의 잦은 사용으로 내성이 생겨 강력한 항생제로도 쉽게 제거되지 않는 박테리아.

왔다. 자본주의가 붕괴 직전 상태에 있을지도 모른다는 추측은 곧 근거 없는 것으로 판명되었다. 은행 긴급 구제는 자본주의의 종말을 가져오기는커녕 대안은 없다는 자본주의 리얼리즘의 주장을 대규모로 재단언하는 것이었음이 곧바로 명백해졌다. 은행 체계가 와해하도록 내버려 둔다는 것은 생각할 수도 없는 일로 여겨졌다. 그리고 뒤따른 일은 개인들의 수중에 들어가면서 생긴 공공 자금의 방대한 손실이었다. 그렇기는 하지만 2008년에 실제로 발생했던 일은 1970년대 이래 자본주의의 축적을 위한 이데올로기적 보호막을 제공했던 틀의 붕괴였다. 은행 긴급 구제 이후 신자유주의는 모든 면에서 신뢰를 잃었다. 신자유주의가 하룻밤 사이에 사라졌다는 뜻이 아니다. 오히려 신자유주의적 전제들은 계속해서 정치경제를 지배하고 있다. 그러나 이제 그 전제들은 확신에 찬 추진력을 지닌 이데올로기적 기획의 일부가 아니라 관성적이며 산 것도 죽은 것도 아닌 디폴트 상태로 그 지배력을 유지하고 있을 뿐이다. 이제 우리는 신자유주의는 필연적으로 자본주의 리얼리즘적이어야 했지만 자본주의 리얼리즘이 신자유주의적일 필요는 없음을 알 수 있다. 자본주의는 스스로를 구제하기 위해 사회 민주주의 모델로 혹은 「칠드런 오브 맨」에서 볼 수 있는 것과 같은 권위주의로 전환할 수도 있을 것이다. 자본주의에 대한 일관되고 신뢰할 대안이 없다면 자본주의 리얼리즘은 앞으로도 정치경제적 무의식을 지배할 것이다.

신용 위기가 그 자체로 자본주의의 종언을 야기하지는 않을 것이 분명하지만 이 위기는 특정 형태의 정신적 마비 상태에서 벗어나게 해 주었다. 우리는 이제 알렉스 윌리엄스가 말한 "이데올로기적 잔해"가 어질러져 있는 정치적 풍경 속에 있다. 다시 영년year zero이다. 새로운 반자본주의가 출현할 하나의 공간이 마련되었고 여기서는 반드시 옛 언어나 전통에 묶여 있을 필요가 없다. 좌파의 악습 중 하나는 역사적 논쟁을 끝없이 되풀이한다는 것, 자신이 정말로 믿고 있는 미래를 계획하고 조직하기보다는 크론슈타트 봉기나 신경제 정책을 계속해서 검토하는 경향을 보인다는 것이다. 예전의 반자본주의 정치 조직화 형태의 실패가 절망의 이유가 되어서는 안 된다. 실패의 정치를 향한, 패배한 주변성이라는 편리한 입장을 향한 낭만적 애착을 버릴 필요가 있다. 신용 위기는 하나의 기회다. 그러나 그것은 거대한 사변적 시험대로, 회귀가 아니라 갱신을 위한 원동력으로 여겨져야 한다. 알랭 바디우가 단호하게 주장하듯 실질적인 반자본주의는 자본에 대한 반응이 아니라 자본의 경쟁 상대가 될 수 있어야 한다. 전 자본주의적 영토들로 돌아갈 수 있는 길은 없다. 반자본주의는 그 자체의 진정한 보편성을 통해 자본의 세계화에 대항해야 한다.

좌파가 진정으로 재활성화되려면 확신을 가지고 내가 여기서 (아주 잠정적으로) 묘사한 그 새로운 정치 영역을 장악하는 것이 결정적으로 중요하다. 어떤 것도 본래부터 정치적이지는 않다. 다시 말해 정치화는 당연하게 여겨지는 것을 누구나 차지할 수 있는 것으로 변형할 수 있는 정치적 행위 주체를 필요로 한다. 신자유주의가 1968년 이후 노동 계급의 욕망을 병합함으로써 승리했다면, 새로운 좌파의 실천은 신자유주의가 만들었으나 만족시킬 수는 없었던 욕망들에 기반해 시작될 수 있을 것이다. 예를 들면 좌파는 신자유주의의 실패가 두드러지는 사안인 관료제의 대규모 축소를 이룰 수 있다고 주장해야 한다. 필요한 것은 노동 및 누가 노동을 통제할지를 둘러싼 투쟁이다. (관리에 의한 통제에 반대하는) 노동자의 자율성을 단언하고 이와 더불어 (포스트포드주의에서 노동의 핵심 특징이 된 과잉 감사와 같은) 특정 종류의 노동을 거부해야 한다. 이는 이길 수 있는 투쟁이지만 새로운 정치적 주체가 구축될 때만 그럴 수 있다. (노동 조합 같은) 옛 구조들이 그러한 주체성을 양성하게 될지, 이 주체성이 전적으로 새로운 정치적 조직화를 수반하게 될지는 열린 물음으로 남아 있다. 관리주의에 맞서는 새로운 형태의 투쟁 전략을 제도화할 필요가 있다. 가령 교사와 강사는 파업 (혹은 성적 입력 거부) 전술을 포기해야 하는데, 이 전술은 학생 및 구성원을 다치게 할 뿐이기 때문이다(한때 내가 일했던 대학에서 경영진은 일일 파업을 상당히 반겼다. 무시할 만할 혼란만 야기하고는 임금 지출을 절약해 주었기 때문이다). 관리 차원에서만 필요할 뿐인 노동 형태들, 모든 면에서 교육에는 전혀 효과가 없지만 관리주의는 그것 없이 존재할 수 없는 모든 자기 감시 기계에서 전략적으로 물러날 필요가 있다. 지금은 교원 노조가 팔레스타인 문제와 같은 (고귀한) 대의를 살피며 시늉뿐인 스펙터클의 정치를 펼치기보다는 내부적인 문제에 훨씬 더 관심을 가지고 위기가 열어 준 기회를 이용해 공공 서비스에서 비즈니스 존재론을 제거하는 데 앞장서야 할 때다. 비즈니스조차 비즈니스로 운영될 수 없는 마당에 왜 공공 서비스가 비즈니스가 되어야 하는가?

우리는 의학적 질환으로 간주되는 광범위한 정신 건강 문제를 유효한 적대로 전환해야 한다. 정서적 장애들은 불만이 내면에 갇혀 있을 때 발생한다. 이러한 불만은 외부로 방향을 돌려 실제 원인인 자본을 겨냥할 수 있으며 또 그래야 한다. 나아가 후기 자본주의에서 특정 정신 질환의 증대는 어떤 새로운 금욕 생활이 필요한 이유며, 이 필요성은 환경 재앙에 대처해야 할 점증하는 긴급성에 의해 제기되는 것이기도 하다. 재화와 자원을 배급한다는 개념보다 더 성장이라는 자본주의의 내재적 명령과 충돌하는 것도 없다. 하지만 불편한 사실은 소비자의 자기 규제나 시장에 기대는 방식만으로는 환경 재앙을 피할 수 없음이 분명해지고 있다는 점이다. 이 새로운 고행에는 실천적인 정당성뿐 아니라 리비도적인 정당성도 있다. 올리버 제임스, 슬라보예 지젝, 슈퍼 보모 등의 사례가 알려주는 것처럼 무제한적인 방종이 비참과 불만을 야기한다면, 욕망을 제한할 필요성은 줄어들기보다 오히려 더 커진다고 할 수 있다. 어쨌든 모종의 배급은 불가피하다. 쟁점은 그것이 집합적으로 관리될 것인지 아니면 너무 늦어버려서 권위주의적 수단에 의해 강제로 부과될 것인지다. 이 집합적인 관리가 어떤 형태를 취해야 하는지는 역시나 열린 물음으로 오직 실천과 실험을 경유함으로써만 해결할 수 있다.

역사의 종언이라는 어둡고 긴 밤을 엄청난 기회로 장악할 수 있어야 한다. 자본주의 리얼리즘이 억압적으로 만연해 있다는 사실은 대안적인 정치적, 경제적 가능성의 희미한 기미만 보여도 뜻밖의 거대한 파급 효과를 가져올 수 있음을 의미한다. 가장 사소한 사건들도 자본주의 리얼리즘 아래서 가능성의 지평을 표지해 온 그 반동의 회색 장막에 구멍을 낼 수 있다. 어떤 일도 일어날 수 없는 상황에서 갑자기 다시 한번 무엇이든 가능해지는 것이다.

우리는 현실주의자가
될 여유가 없다[1]
마크 피셔와 조디 딘의 대담

조디 딘 자본주의 리얼리즘을 설명하면서 당신은 슬라보예 지젝이 프레드릭 제임슨에게서 가져온 관념을 받아들여 그것을 완전히 새롭게 만들었습니다. 지젝은 자본주의의 종말보다 세계의 종말을 상상하는 것이 더 쉽다고 말했습니다. 그러나 지젝에게 이 논점은 기본적으로 탈정치화나 탈정치화의 징후를 의미하는 것으로, 당시에 그는 그것을 추인하는 것과 그것을 비판하는 것 사이에서 동요하고 있었습니다. 반면에 당신은 자본주의 리얼리즘을 비판의 실마리, 비판을 위한 범주로 만듭니다. 자본주의 리

---

1   이 대담은 Jodi Dean and Mark Fisher, "We Can't Afford to Be Realists: A Conversation", Alison Shonkwiler and Leigh Claire La Berge eds., *Reading Capitalist Realism*, University of Iowa Press, 2014, pp.26~38을 옮긴 것이다. 조디 딘은 뉴욕주에 있는 호바트 앤드 윌리엄 스미스 대학교에서 정치 및 미디어 이론을 가르치고 있으며, 『민주주의 그리고 신자유주의의 환상들』*Democracy and Other Neoliberal Fantasies*, 2009, 『블로그 이론』*Blog Theory*, 2010, 『공산주의의 지평』*The Communist Horizon*, 2012, 『군중과 당』*Crowds and Party*, 2016 등의 저작을 발표했다.

얼리즘이라는 개념을 업그레이드하고 확장한 방식들을 당신은 『자본주의 리얼리즘』을 처음 쓰기 시작할 때부터 자각하고 있었습니까, 아니면 이후에 글을 쓰면서 깨닫게 됐습니까?

나아가 당신이 그 개념을 사용하며 이해했던 방식을 더 말해 줄 수 있으신가요? 저는 제가 두 가지 상이한 방식으로 그 개념을 사용하고 있음을 알게 되었습니다. 그런데 당신이 그 두 가지 또는 어느 하나에 동의할지 완전히 확신하지는 못하겠습니다. 한편으로 '자본주의 리얼리즘'은 어떤 일반적인 이데올로기 구성체, 즉 후기 신자유주의의 그것을 가리키는데, 그 안에서는 평등에 대한 온갖 환영과 희망이 발산되어 왔습니다. 다른 한편으로 그것은 더 특정한 이데올로기적 무기, 즉 자본주의의 헤게모니에 도전하고자 하는 사람들에 맞서 행사된 어떤 논점을 가리킵니다. 두 해석 중 어느 하나가 다른 것보다 당신의 논점에 더 가깝다고 생각하시나요?

마크 피셔 당신이 묘사한 자본주의 리얼리즘의 두 가지 의미 모두 타당하다고 생각합니다. 그러나 아마도 필연적으로 일반적인 이데올로기 구성체로서의 자본주의 리얼리즘이 실패할 때만 자본주의 리얼리즘을 특정한 무기로 사용할 수 있을 겁니다. 2008년 이후 자본주의 리얼리즘이 실패하기 시작했을 때처럼 말이죠.

자본주의 리얼리즘을 사고하는 한 가지 방식은 그것을 자본주의가 유일하게 존립 가능한 정치, 경제 체계라고 여기는 하나의 믿음으로, 다시 말해 다른 체계들이 바람직한 것일지는 몰라도 자본주의만이 제대로 작동하는 유일한 체계라고 여기는 믿음으로 보는 것입니다. 자본주의 리얼리즘에 접근하는 또 다른 방식은 그것을 이 모든 것과 관련된 어떤 태도로, 가령 투쟁은 의미가 없으며 우리는 그저 적응해야 한다는 식으로 말할 때 볼 수 있는 것과 같은 체념의 감정으로 생각하는 것입니다. 그러나 자본주의 리얼리즘을 이해하는 이 두 가지 방식은 문제가 있습니다. 왜냐하면 우리가 염두에 두고 있는 것은 초개인적인 정신적 하부 구조와 비슷한 것이지만 이 두 방식은 개인 심리학을 암시하기 때문입니다. 자본주의 리얼리즘은 이데올로기적인 것이지만 그 명제의 진리를 사람들에게 직접 설득한다는 의미에서 이데올로기적이지는 않습니다. 그것이 이데올로기적인 까닭은 오히려 자신이 저항할 수 없는 힘이라고 사람들에게 확신시키기 때문입니다. 책에서 저는 일터에서 신자유주의적 변화를 실천하고 있으면서도 "나는 이러한 업무들 중 어떤 것도 믿지 않아, 이 일은 그저 지금 해야 하는 것일 뿐이야"라고 말하는 관리자의 사례를 들었습니다. 제 생각에 여기서 이데올로기는 두 층위에서 작동하고 있습니다. 첫째는 신자유주의는 대항할 수 없는 것이라는 믿음을 선전하고 수용하게 만드는 것입니다. 둘째는 신자유주의적 지배에 적응하는 것은 실용적인 생존의 문제일 뿐 결코 정치적 문제가 아니라는 통념을 유포하는 것입니다. 당연한 말이지만 이데올로기는 비정치적으로 보일 때, 그저 사물들이 존재하는 방식처럼 보일 때 가장 강력합니다. 자본주의 리얼리즘이 가장 강력할 때 그것은 언제나 이런 탈정치화 효과를 만들어 냅니다.

조디 딘 저는 당신이 여기서 자본주의 리얼리즘의 정서적 차원을 강조한 것이 아주 마음에 듭니다. 동시대 좌파가 직면하고 있는 가장 어려운 시험대 중 하나는 당신이 언급한 그 체념입니다. 사람들이 시위에 참여하거나 다양한 영역에서 장기적인 전투에 참여하기 위한 마음의 준비를 하는 데 힘든 시간을 보내는 것도 결국에는 이런 활동이 정말로 중요하지는 않다고 생각하기 때문입니다. 우리는 패배할 것이다, 우리는 흡수될 것이다, 자본은 적응할 것이다(언제나 그렇다), 우리가 이긴다면 그것은 심지어 더 나쁜 일이 될 것이다, 말하자면 20세기의 궁극적인 교훈은 자본주의가 아닌 다른 어떤 것도 죽음이라는 사실이다, 스탈린과 마오를 검색해 보라 등등.

마크 피셔 당신이 작업에서 아주 잘 보여 주었던 것, 즉 우리가 언급하고 있는 것은 실제로 좌파의 후퇴일 뿐 탈정치화 자체는 아니라는 점을 명심해야 합니다. 실종된 것은 우리의 정치지 정치 그 자체가 아닙니다. 자본주의 리얼리즘은 좌파의 병리 현상입니다. 제가 책에서 이야기한 경험의 상당수가 신노동당이 가장 위세를 떨치던 시기 제가 교사로 일하는 동안 일어났다는 것은 우연이 아닙니다. 왜냐하면 자본주의 리얼리즘이라는 개념은 실제로 신노동당 프로젝트의 기저를 이루고 있던 것과 관련되기 때문입니다. 신노동당과 미국 클린턴 행정부의 시도는 둘 다 어떤 '새로운 리얼리즘'과 타협을 보려는 것이었습니다. 이제는 우리 모두가 알고 있듯 그들의 등장은 우익 지배의 종언이 아니라 신자유주의 헤게모니의 공고화를 시사했습니다.

그런데 자본주의 리얼리즘은 신자유주의에 굴복했다는 사실뿐 아니라 사회적 상상력의 쇠퇴와도 관련됩니다. 자본주의의 종말보다 세계의 종말을 상상하는 것이 더 쉽다는 말은 단순히 자본주의에 대한 대안이 나올 개연성이 낮다고 우리가 생각한다는 뜻이 아닙니다. 이 말은 우리가 이제 자본주의 이후의 사회가 어떤 모습일지 상상조차 할 수 없다는 뜻도 담고 있습니다. '신자유주의에 대한 대안은 없다'라는 옛 대처리즘의 관념을 존재론적 주장으로 받아들이지 않아야 합니다. 그 관념은 단순히 신자유주의가 다른 정치 프로그램들보다 더 낫다는 것이 아닙니다. 오히려 그것은 이제 다른 정치 프로그램들을 떠올릴 수조차 없게 되었음을 의미합니다. 이런 특징은 은행 위기 이후 자본에 대한 저항이 구축되면서 주목받게 되었습니다. 점령 운동에 직면했을 때 자본의 옹호자들은 지금 설명한 것처럼 자본주의에 대한 긍정적인 대안은 없다고 주장했습니다. 우리는 그 주장을 진지하게 취급할 필요가 있습니다. 불평하고 청원하는 것으로는 충분하지 않으며 우리가 무엇을 원하는지를 구체적으로 보여 줄 수 있어야 합니다. 하지만 이런 종류의 전망을 즉각 제시할 수 있으리라고 기대할 수는 없습니다. 우리는 사회적 상상력을 저해하는 자본주의 리얼리즘의 역량을 과소 평가하지 말아야 합니다.

조디 딘 좌파의 상상력을 저해하는 자본주의의 능력을 과소 평가하지 말아야 한다는 당신이 말이 옳다고 생각합니다. 염려스러운 것은 점령 운동에 내재한 무정부주의 경향에서 이처럼 과소 평가하는 태도가 나타난다는 점입니다. 제가 염두에 두고 있는 것은 "무언가를 하고자 하는 사람에게는 무엇이든 열려 있다"는 식으로 말하면서 국부적인 행위의 자율성을 강조하는 입장들입니다. 이런 입장들은 지금 우리가 언급한 태도와 크게 다르지 않아 보입니다. 사람들은 이미 피켓을 만들고 시위를 조직하며 팸플릿을 돌리고 있을지도 모릅니다. 하지만 진정한 시험대는 유효한 집단적 행동을 통해 수많은 사람을 결집시키는 일입니다. 또는 함께할 수 있고 실제로 변화를 이룰 수 있는 무언가를 생각해 내는 일입니다. 다른 사례로 최근에 저는 한 활동가가 은행 업무에 접근하는 새로운 방식에 관해 말하는 것을 들었습니다. 그는 자신이 속한 활동 집단의 과제를 투명하고 지속 가능하며 수익성 있고 매력적인 은행 업무 모델, 즉 소비자들이 원할 것 같은 은행 업무 모델을 찾으려는 시도로 묘사했습니다. 제가 듣기로 그는 책임 있는 자본주의를 원하는 그저 또 한 명의 기업가처럼 말하고 있었습니다. 마치 점령이 기본적으로 인간의 얼굴을 한 자본주의를 위한 운동이었다는 듯이 말이죠. 자본주의 리얼리즘이 그의 주체성을 완전히 구조화한 나머지 그가 떠올릴 수 있는 대안이라곤 더 나은 소비용 제품밖에 없는 것처럼 보였습니다. 달리 말하면 사회적 상상력의 쇠퇴는 집합적으로 사고할 수 있는 역량의 쇠퇴라 할 수 있을 겁니다.

그러므로 자본주의 리얼리즘에 대한 당신의 논의는 신자유주의적 주체, 즉 자유로운 선택, 개인의 책임, 경쟁 등을 강조하는 경제적, 정치적 구성이 표면적으로 신자유주의에 반대하는 이들까지 포함해 주체성을 어떻게 형성하는지, 어떻게 그들을 오히려 왜소하고 온순하며 순응하게끔 만들고 궁극적으로는 집단적인 정치적 행동에 많은 희망을 걸지 않도록 만드는지를 보여 주는 한 방식이기도 합니다. 달리 말해 좌파 버전의 자본주의 리얼리즘 주체는 자본주의가 불가피하다고 믿고, 자본주의 자체가 활력과 혁신의 근원임을 발견하며, 개인주의와 소비주의를 수용하고, 집단적 행동을 멀리합니다. 이 모두는 이 주체가 어떤 '불가피성'을 묵인하는 데서 연유합니다(그리고 당연히 그 역 또한 사실입니다. 즉 불가피성에 대한 이런 감각은 자체로 그러한 믿음, 수용, 멀리함의 효과입니다). 라캉의 용어로 말하면 이 주체는 자신의 욕망을 포기한다고 할 수 있을 테죠.

자본주의와 맺고 있는 특정한 방식의 정서적 애착에 대한 이런 묘사, 즉 전혀 음울하지 않으며, 비난받을 만하기는 하지만 다양한 종류의 참신함과 쾌락을 자본주의가 제공하고 있다고 보는 이런 묘사를 당신은 받아들이시나요(덧붙여 말하면 저는 2010년 10월에 런던에서 우리가 가졌던 한 좌담을 생각하고 있습니다)? 이를 묻는 이유는『자본주의 리얼리즘』에 나오는 자본주의에 대한 당신의 묘사가 그것이 얼마나 음울하고 순응적이며 지루한지를 강조하는 경향이 있기 때문입니다. 당시에 저는 그 비판을 더 강렬한 즐거움을 약속하는 비판으로 읽었습니다. 말하자면 당신의 논점이 어떤 미학적 비판을 강조하고 있다고 이해한 것이죠. 대조적으로 저는 미국과 영국에 사는 많은 사람이 부채, 압류, 실업, 긴축, 나아가 삶의 전반적인 프롤레타리아화에 직면해 있지만 이들은 여전히 수많은 당과糖菓, 가령 유튜브, 페이스북, 상이한 종류의 무수히 많은 음악, 텔레비전에서 중계되는 스포츠, 저렴한 수입 의류, 풍부한 간식거리 등을 이용할 수 있으며, 이러한 당과들, 소소한 쾌락들이 우리로 하여금 자본주의에 애착을 갖게 만든다고 주장하고 있습니다. 우리는 그것들을 포기하고 싶어 하지 않습니다. 그래서 저는 "희생은 필연적이다. 이러한 당과들은 끊임없이 극단적인 불평등을 정착시키는 근본적으로 야만적인 체계에 뿌리내리고 있다. 이는 궁극적으로 끔찍한 종류의 협박이며, 우리는 오락과 소통을 제공받는 대가로 평등과 연대를 포기해 왔다"는 생각과 "우리가 이러한 당과들을 원하는지 아닌지는 더 이상 중요하지 않다. 체계는 위기에 처해 있고 여기저기서 붕괴하는 중이다. 그러므로 어쨌든 우리는 그것들을 가질 수 없다"는 생각의 결합을 강조하곤 합니다. 어떻게 생각하시나요?

마크 피셔 저는 소소한 쾌락들과 음울함이 서로 대립한다고 생각하지 않습니다. 오히려 이 둘은 다른 각도에서 바라본 동일한 사태라고 생각합니다.

조디 딘 맞아요, 훌륭한 생각입니다.

마크 피셔 …소소한 쾌락들을 계속 소비한 결과가 어떤 전반적인 음울함입니다. 음악 비평가인 사이먼 레이놀즈는 『레트로 마니아』(2011)[2]에서 지난 10여 년 동안 일상의 삶은 가속화되었지만 문화의 속도는 둔화되었다는 점에 주목합니다. 조금씩 끊임없이 주어지는 디지털 자극에 사람들이 언제나 접속해 있다는 사실은 획기적인 문화적 생산을 위한 조건들, 가령 모종의 침잠, 반성을 위한 공간, 몰입하는 능력 등이 더 이상 존재하지 않음을 의미합니다. 『레트로 마니아』에서 레이놀즈는 제가 『자본주의 리얼리즘』에서 다룬 것과 동일한 시간적 관성을 묘사하고 있습니다. 우리는 이제 회고나 혼성 모방에 완전히 익숙해져서 더 이상 그것들에 주목하지 않습니다. 이제는 거의 모든 것이 제임슨이 1980년대에 포스트모던 문화를 두고 제시한 예언적 설명에서 벗어나지 않습니다. 참신함과 혁신

---

2 사이먼 레이놀즈, 『레트로 마니아: 과거에 중독된 대중 문화』, 개정판, 최성민 옮김, 작업실유령, 2017.

에 대한 자본의 모든 수사에도 불구하고 문화가 점점 더 동질화되고 예상 가능한 것으로 변해 왔다는 점이 이제는 분명해진 상황입니다.

　　오락과 쾌락에 아주 손쉽게 접근할 수 있게 된 동시에 우울증이 (특히 청년들 사이에서) 증가하고 있는 것은 우연이 아닙니다. 『자본주의 리얼리즘』에서 쾌락주의적 우울증을 논의하며 주목했던 것이 이것입니다. 가령 쾌락 원칙을 넘어서지 못하는 무능은 끊임없는 쾌락이 아니라 영구적인 불면증을 산출합니다. 소셜 네트워크나 유튜브에서 클릭하며 밤을 보내는 우리의 경험은 정확히 쾌락과 권태의 동시성에 대한 경험으로 이어지지 않습니까? 포드주의 시대와 연관된 권태는 끝났습니다. 이제 그런 권태를 위한 공간은 없습니다. 스마트폰은 그런 권태가 자라날 수 있는 모든 간극을 메웁니다. 그러나 링크를 따라다니며 클릭하고자 하는 불면증적인 욕구가 곧바로 쾌락을 주는 것도 아닙니다. 디지털 세상을 표류하는 이런 경험에서 볼 수 있는 전형적인 분위기는 매혹과 권태의 혼합물입니다. 우리는 열광하는 동시에 권태로워합니다. 저는 당신이 소통 자본주의communicative capitalism를 논의하면서 제시한 충동에 대한 분석이 설득력 있음을 알게 되었습니다. 가령 소통 자본주의의 쾌락들은 우리가 계속해서 그와 같은 충동에 매달리도록 잡아끄는 미끼입니다. 그런 충동은 이런저런 쾌락을 겨냥하지 않고, 특수한 내용에 대한 애착을 통해 표명되지 않습니다. 오히려 이 충동은 클릭하려는 욕구 그 자체와 더 관련됩니다. 달래기 어려운 이러한 충동의 맹목성과 비교해 보면 포르노그래피에 대한 욕망조차 다소 예스러워 보입니다. 우리가 어떻게 이러한 충동을 다른 방향으로 전환할 수 있는지가 제 초점이라면 당신은 충동을 전적으로 우회해야 한다고 믿는 것 같습니다.

조디 딘 맞아요, 아마도 어느 정도는 그럴 겁니다. '어느 정도는'이라고 말한 것은 이것이 어느 한쪽을 완전히 제거하거나 억제하는 문제가 아니기 때문입니다. 그것은 어떤 우세함 내지 정도의 문제입니다. '소셜 링크'나 더 일반적인 담론적-물질적 환경의 특징이 충동에 있다고 하더라도 소통 자본주의에는 여전히 욕망이 존재합니다. 제가 염두에 두고 있는 것은 욕망에 필수적인 간극 또는 결여를 확립하고 유지하는 문제입니다. 그리고 이는 충동의 방향을 바꾸는 문제가 아니라 그것을 파열시키는 문제죠.

알랭 바디우를 처음 읽었을 때 저는 즉각 반사적으로 '이름들'과 '명명하기'에 눈이 갔습니다. 제 반응은 "지독하군, 새로운 주인을 요청하고 있잖아" 어쩌고저쩌고였습니다. 하지만 그 뒤 시간이 지나면서 (부분적으로는 지젝을 읽으면서, 부분적으로는 브루노 보스틸스와 피터 홀워드를 읽고 그들과 대화한 덕분에) 어떤 것을 깨닫기 시작했습니다. 즉 제 반응은 이름들이나 이름들이 구조화하는 담론들이 의미 작용의 끝없는 놀이를 멈추고, 충동의 반복 순환에 특유한 의미의 끊임없는 지연과 가능성의 분산을 멈추는 데 있어 결정적이라는 사실을 파악하지 못하고 있었던 것입니다. 물론 하나의 용어, 이름, 개념, 담론이 완전히 의미를 고정시키거나 가능성들을 규정할 수는 없습니다. 그러나 그것은 사고의 방향을 정하고 행동에 활기를 부여하는 순간적이고 임시적인 형태는 제공할 수 있습니다(우리는 이런 종류의 일시적 안정화stabilization의 사례들을 언제나 볼 수 있습니다. 그렇지만 실제로 일어나는 일은 좌파는 안정화로 인해 무언가가 배제될지도 몰라 전전긍긍하고 우파는 의식적이고 고의적이며 간악한 방식으로 그런 안정화의 사례들을 반복한다는 그리고/또는 왜곡한다는 것이죠. 이는 복잡한 미디어 환경에서 벌어지는 오늘날의 이데올로기 전투입니다). 그래서 저는 우리의 현 상황에 부재하는 것이 바로 이런 종류의 이름들이라고 생각하기 시작했습니다.

여기까지는 괜찮습니다. 이는 그저 충동의 상황을 일종의 상실의 힘 또는 힘으로서의 상실 자체로 묘사하는 또 하나의 방식일 뿐입니다. 그러나 우리가 이러한 상실을 단순히 끊임없이 고집하고 되풀이해 반복하는 것에서 그치지 않고 오히려 욕망에 구성적인 결여로 사고할 수 있다면 어떨까요? 이는 우리에게 무엇을 말해 줄 수 있을까요? 바로 누락된 것이 공통적이고 집합적인 것이라는 사실입니다(저는 『블로그 이론』(2010)[3]에서 스펙터클과 스펙터클이 모종의 집합성을 전도된 형태로 우리에게 되돌려 주는 방식에 대한 기 드보르와 조르조 아감벤의 논의를 경유해 이런 생각에 도달했습니다). 충동의 순환을 따라 소소한 즐거움에서 다른 즐거움으로, 이슈에서 이슈로, 트렌드에서 트렌드로, 프로그램에서 프로그램으로 떠돌아다니는 것은 공통의 의미, 공통의 목표, 공통의 자원, 공통의 기획 차원에서 집합성이 부재한 결과입니다. 저는 『공산주의의 지평』(2012)[4]에서 이런 생각을 도입했지만, 이는 자본주의적 충동의 타자이자 이 충동에 대한 응답으로서의 공산주의적 욕망에 기반을 둔 더 커다란 기획의 시작일 뿐입니다. 우울증이란 충동이 보여 주는 미친 듯한 조증의 비활성적 이면이라는 당신의 묘사는 무언가가 누락되어 있으며 어떤 결핍이 있다는 사실을 분명히 한다는 점에서 제 생각과 잘 맞아떨어집니다. 여기서 누락되어 있는 것은 욕망에 필수적인 그 간극입니다. 그렇다면 더 나은 좌파 정치를 위한 결정적인 요소는 이러한 간극을 분명히 하고, 감지할 수 있도록, 부인할 수 없도록 만드는 일입니다. 그것을 점거해야 한다고 말할 수도 있을 겁니다.

마크 피셔 저는 광범위한 의미에서 욕망을 통해 자본에 맞서려는 움직임을 거부하는 편입니다. 한편에 평등과 연대가 있고 다른 한편에 욕망과 오락이 있어 이 둘 사이에서 선택해야 한다는 것은 자본주의 리얼리즘 자체의 한 단면에 속합니다. 가령 자본주의 리얼리즘은 오직 자본주

3　Jodi Dean, *Blog Theory: Feedback and Capture in the Circuits of Drive*, Polity, 2010.

4　조디 딘, 『공산주의의 지평』, 염인수 옮김, 현실문화, 2019.

의만이 욕망과 어울리는 것이며 욕망은 결국 모든 비자본주의 체계를 파괴하고 말 뱀 같은 것이라고 주장하고 싶어 합니다. 이 점이 바로 제가 후기 자본주의 문화의 음울함을 계속 역설하려는 이유고 자본주의 리얼리즘에 대한 미학적 비판이 그토록 결정적인 이유입니다. 자본주의 리얼리즘에서 우리는 대중적이지 않은 포퓰리즘과 더불어 정말로 즐겁지는 않은 오락을 만나게 되죠.

조디 딘 마지막 문장이 마음에 듭니다. 그러나 전적으로 설득력이 있는지는 잘 모르겠습니다. 저는 우리 둘 모두 욕망을 통해 자본주의를 설명하기를 거부하고 있으며, 자본주의가 욕망의 자극과 배양, 획정을 독점하는 것을 분쇄하고 돌파해야 한다는 데 동의하고 있다고 생각합니다. 문제는 우리가 얻는 당과들이 실제로 즐거움을 준다는 것입니다. 가령 「사우스 파크」 제작진이 연출한 브로드웨이 쇼인 「모르몬교의 책」(저는 보지 않았습니다) 또는 플래시몹처럼 보이지만 실제로는 그렇지 않은 은행 및 휴대폰 광고—수백 명의 사람이 기차역에서 노래하고 춤추는—는 전적으로 경이롭죠. 이런 것들을 볼 때마다 저는 탄성을 지릅니다. 마찬가지로 포퓰리즘은 실제적입니다. 물론 포퓰리즘을 조작하려고 하는 사람들도 있습니다. 그러나 언제나 미국 전체 인구의 4분의 1 정도는 자본가가 자신의 미래를 가져가는 것보다 정부가 자기 돈을 가져갈까 봐 끝없이 전전긍긍하는 우매한 인종주의적 호모포비아입니다. 그래서 제게는 욕망과 충동을 분리하는 일이 중요해 보입니다(다시 말해 사적인 것으로 변해 버린 것을 되찾아 우리 모두에게 공통된 것으로 만들어 줄 수 있는 집합성에 대한 욕망을 자극할 수 있도록 누락되어 있는 것을 강조하는 일이 중요해 보입니다). 우리는 자본주의가 오락을 제공하지만 불평등하게(누가 그것에 접근할 수 있는가), 부당하게(착취를 통해), 너무 많은 것(삶, 미래, 환경, 욕망 자체 등)을 희생시키며 그렇게 한다는 것을 인정할 수 있을 겁니다.

마크 피셔 실제로 존재하는 사이버 공간의 모든 특징이 자본주의와 필연적인 연관이 있는 것은 아닙니다. 가령 유튜브 같은 것이 내재적으로 자본주의적이지는 않죠. 사실 유튜브는 자본이 본질적으로 기생적이라는 마이클 하트와 안토니오 네그리의 주장을 입증해 주지 않습니까? 유튜브의 배후에 있는 욕구는 협동적인 것입니다. 자본은 유튜브를 위한 전제 조건이 아닙니다. 전제 조건이라 해도 오직 우연적인 방식으로만 그럴 뿐입니다. 사이버 공간에서 상품화나 자본주의적 주체성이 강화되기도 하지만 우리는 그곳에서 탈상품화 및 새로운 집합성 양식으로 나아가려는 거대한 경향 또한 목격하고 있습니다.

그럼에도 불구하고 당신이 옳다고 생각하는데 현행의 리비도적 순환으로부터의 모종의 물러섬withdrawal이 필수적이며 당신이 말하듯이 체계가 이런 종류의 당과를 오래도록 던져 줄 수는 없을 것임을 고려하면 불가피하기도 하기 때문입니다. 제임슨은『변증법의 원자가들』(2009)

에서 이를 훌륭하게 서술하고 있습니다.[5] 그는 "상품에 대한 절제"(384)를 예견하면서 "우리가 현재를 살 만하게 만들기 위해 발전시켜 온 보상적인 욕망과 도취 상태를 포기하기가 아주 어려울 수도 있다"(384)고 경고합니다. 그럼에도 다시 저는 상품에 대한 이런 절제를 물러섬으로 생각하기보다는 상이한 종류의 욕망이 출현할 수 있는 기회로 생각하기를 더 선호합니다. 당신의 입장은 우리가 그와 같은 절제를 받아들여야 한다는 건가요?

조디 딘 물러섬의 정치에 대한 당신의 회의에 공감합니다. 저는 미국의 '러스트 벨트' 지역, 즉 자본 철수withdrawal가 결국은 빈곤과 실업의 증가 및 인구 감소를 야기해 온 지역의 외곽에 살고 있습니다. 금융 및 경제 위기에 직면한 수많은 사람 또한 자신의 예전 소비 습관에서 물러서지 않을 수 없게 된 것 같습니다. 이는 상품에 대한 절제가 정치적으로 즉각 해방적인 것은 아님을 보여 주는 또 하나의 사례입니다. 당신이 제임슨과 탈상품화를 참고하며 주장하는 것처럼 현재의 자본주의는 상품을 통해서는 제대로 이해할 수 없습니다. 아마도 경쟁과 지대라는 측면에서 생각하는 편이 더 나을 겁니다(유튜브는 자본가의 머리를 자르고 생산 인구를 먹여 살리는 일이 얼마나 쉬운지를 분명하게 보여 주지만 이 순간에도 제가 계속해서 그것이 자본주의적이라고 생각하는 것도 이 때문입니다). 아니,

5   Fredric Jameson, *Valences of the Dialectic*, Verso, 2010.

저는 절제보다는 오히려 훈육에 대해 생각하고 있습니다. 사람들이 스스로를 집단들로 만들 수 있게 해 주는 그런 훈육 말입니다.

어쩌면 이것이 유토피아주의로 가는 훌륭한 이음줄일지도 모르겠습니다. 『처음에는 비극으로, 다음에는 희극으로』(2009)[6]에서 지젝은 신자유주의적 자본주의 안에 어떤 유토피아적인 핵심, 즉 이것이 최고의 체계라는 관념이 있다고 말합니다. 당신은 이런 관념이 당신의 한층 더 디스토피아적인 자본주의 리얼리즘의 이면이라고 혹은 그 자본가적인 면모나 지배 계급적인 면모라고 생각하십니까?

마크 피셔 다소 복잡한 문제입니다. 표면적으로 자본주의 리얼리즘은 모든 유토피아주의를 거부하는 것으로 특징지을 수 있기 때문입니다. 그런 거부가 바로 '리얼리즘' 〔현실주의〕을 이룹니다. 우리는 의회의 좌파가 유토피아적이라고 이해될 여지가 있는 것을 포기하고, 협소하게 구상된 가능한 것의 모델에 따라 실용적인 적응을 내세우는 수사를 구사하는 모습을 지켜봤습니다. 그러나 신자유주의 안에 근절할 수 없는 유토피아적 핵심이 있다면 이는 자본주의 리얼리즘과 신자유주의의 차이를 보여 줄 겁니다. 신자유주의는 좌파를 자본주의 리얼리즘에 종속시

---

6 슬라보예 지젝, 『처음에는 비극으로, 다음에는 희극으로』, 김성호 옮김, 창비, 2010.

킬 수 있었기에 성공해 왔지만 두 경향이 동일하지는 않습니다. 자본주의 리얼리즘이 반유토피아적인 곳에서 신자유주의가 유토피아적 차원을 담지하고 있기도 합니다. 신자유주의 이데올로그들과 관련해 곤혹스러운 점 중 하나는 그들이 실제로 어느 정도까지 이러한 유토피아주의를 믿고 있느냐는 문제, 혹은 유토피아주의가 지배 계급의 자기 이해 관계를 감추기 위한 가면에 불과한 것은 아니냐는 의심입니다. 이런 면에서 보면 토니 블레어 같은 사람은 진정 수수께끼였어요.

우리가 유토피아적인 것의 존속에서 끌어낼 수 있는 한 가지 교훈은 순수하게 실용적이고 '현실주의적인' 정치가 실제로는 가능하지 않다는 점입니다. 자본이 가면을 벗고 아무 단서도 달지 않은 채 "좋아, 자본주의는 필연적으로 착취적이고 탐욕스러워, 언제나 그렇지"라고 말하는 순간은 결코 오지 않을 것입니다. 자본주의 리얼리즘에는 이처럼 말하는 측면들이 있습니다. 그러나 그 측면은 신자유주의의 유토피아적 주장들에 의해 상쇄됩니다.

조디 딘 실제로 저는 자본이 그처럼 말하고 있다고 생각합니다. 왜냐하면 부인할 수 없고 탐욕스러운 이 핵심이 신자유주의의 현재적 붕괴 속에서 노출되고 있기 때문입니다. 그래서 수많은 유럽 관료가 유럽 국가들이 이제껏 지내 왔던 방식으로는 더 이상 살 수 없다고 말하면서 예산 삭감과 긴축 정책을 밀어붙이고 있습니다. 이는 노동 계급 투쟁이 거둔 성과와 복지 국가의 기본적인 혜택이 더욱 쇠퇴함을 의미합니다. 2008년과 2012년 선거를 위한 공화당 대선 후보 지명 캠페인에서 명백해졌듯이 미국은 누가 가장 냉혹하고 가장 마초적이고 가장 현실주의적인지, 누가 의료비를 납부할 수 없는 사람들이 길거리에서 죽어 가도록 기꺼이 내버려 둘 의향이 있는지를 보는 경향이 있습니다. 우리가 지금까지 미국과 영국에서 겪었던 신자유주의는 거의 '친절하고 온화한' 것으로 보일 지경입니다. 그리고 이제 우리는 라틴 아메리카나 아프리카에서 봤던 그 극단적인 신자유주의 판본들에 도달하게 될 겁니다.

마크 피셔 맞아요, 그건 사실입니다. 하지만 저는 냉혹한 현실주의에 대한 저 호소들은 자본주의에도 좋은 어떤 것이 있다는 믿음에 의해서만 혹은 적어도 자본주의가 가장 덜 나쁜 체계며 그 외에 다른 모든 체계는 더 나쁠 것이라는 믿음에 의해서만 유지될 수 있다고 생각합니다. 가령 자본주의는 '인간 본성'의 '사실성'reality에 기반하고 있기 때문에 좋은 것이며 이런 이유로 자본주의는 '제대로 작동하는' 반면에 다른 체계들은 그렇지 못하다는 거죠. 그러나 자본주의가 다른 대안들보다 더 바람직하다는 식의 주장도 여전히 있습니다. 이는 단순히 자본주의가 다른 어떤 체계도 능가할 것이라는 승리주의적 의기양양함의 문제는 아닙니다.

조디 딘 저는 자본주의 리얼리즘에 수반되는 민주주의 리얼리즘이 있는지가 항상 궁금했습니다. 민주주의가 더 나은 정치를 위한 유일한 용어(민주주의가 우리가 가진 정치를 가리키는 이름이기는 하지만)인 것처럼 일을 진행하는 민주주의 리얼리즘 말이죠. 민주주의 리얼리즘은 자본주의 리얼리즘의 불가피성을, 자본주의 리얼리즘이 행동을 개인의 행동으로 환원하고 가치 및 가치 판단을 제한된 방식으로 구성하는 것을 긍정하고 뒷받침합니다. 〔이에 반해〕 직접 행동은 특별히 수많은 사람의 활동을 조직화할 것을 요청한다는 점에서 리얼리즘의 제약 중 얼마간을 분쇄할 수 있는 방법처럼 보입니다. 즉 다른 방식들이 가능하다는 것을 보여 주죠.

마크 피셔　이는 우리가 민주주의적인 것을 해석하는 방식에 달려 있다고 생각합니다. 당신은 민주주의적인 것에 대한 지배적인 모델의 한계를 폭로하는 작업을 진행해 왔습니다. 그러나 우리는 직접 행동을 민주주의적인 것과 대립하는 것이 아니라 '자본주의적 의회주의'의 고도로 제한된 채널들이 민주주의적으로 적절하게 확장된 것으로 생각할 수도 있을 겁니다. 우리는 노동 운동의 쇠퇴와 더불어 의회 정치가 비즈니스 이해 관계에 종속되는 모습을 봐 왔습니다. 우리는 이것이 이른바 민주주의 체계들이 언제나 귀결하게 될 곳이라고 말할 수도 있고 아니면 민주주의의 어떤 도착perversion—말하자면 체계 자체의 측면에서는 대응할 수 없고 그 순간에 발생하는 여러 종류의 대중 행동으로만 대응할 수 있는 도착—이라고 주장할 수도 있습니다. 제가 보기에 민주주의를 적에게 내

주는 것은 전략적 실수입니다. 그러면 좌파가 전체주의의 옹호자라고 비난받기가 쉬워집니다. 제 생각에는 오직 포스트자본주의만이 민주주의를 가져올 수 있다고, 우리는 진보와 계몽의 편에 있지만 자본은 야만의 편에 있다고 주장하는 편이 더 낫습니다.

직접 행동은 양가적입니다. 여전히 자본주의 리얼리즘의 힘에 대한 증거처럼 보이는 직접 행동 형태가 존재합니다. 사람들이 직접 행동을 취할 필요가 있다고 느끼는 것은 비-직접 행동에 대한 신뢰를 잃었기 때문입니다. 하지만 정치란 비-직접 행동과, 마우리치오 라자라토가 "원거리 행동"action at a distance이라 부른 것과 관련되는 것이 아닐까요? 많은 경우 우리는 더 이상 체계적인 변화가 가능하다고 믿지 않기 때문에 직접 행동을 취하는 듯합니다. 그럼에도 역설은 직접 행농이 취해질 때만 체계적인 변화가 이루어질 것 같다는 점입니다. 그러나 여기에 전제되어 있는 것은—제가 주장하고 싶은 것이기도 한데—직접 행동이 지닌 중요성의 상당 부분이 그것의 직접적인 효과 너머에 놓여 있다는 것입니다. 제가 보기에 직접 행동에 있어 결정적인 것은 그것이 청원이라는 양식에서 탈피할 수 있는가 아닌가 하는 점입니다. 그것이 대타자로서의 자본에 호소하는지 아니면 그러한 대타자의 부적절함을 증명해 주는지가 문제겠죠. 우리는 저항할 필요가 없습니다. 우리는 대항 세력을 구축해야 합니다.

조디 딘 당신은 왜 공산주의가 아니라 포스트자본주라고 말합니까? 왜 당신은 적이 우리를 비난하는 방식에 신경 쓰는 일이 중요하다고 생각합니까? 그들은 우리가 무엇을 하든 계속 비난할 겁니다. 왜 공산주의가 진보와 계몽의 편에 있다고, 공동의 자원과 책임을 향한 집합적인 접근만이 자본주의적 야만을 종식시킬 유일한 대안이라고 단언하지 않습니까?

마크 피셔 우리를 비난하고자 하는 사람들에게 사태를 손쉽게 만들어 주지 않기 위해서입니다. 자본주의 리얼리즘이 거둔 성공 중 하나는 비자본주의적인 것을 전체주의적인 것과 결합했다는 점입니다. 놀랍게도 여전히 사람들은 "자본주의가 싫으면 북한에나 가서 살아라" 같은 논점의 글을 쓰고 있습니다. 그래서 저는 '공산주의'보다 '포스트자본주의'라는 용어를 선호하게 되었습니다. 우리는 여기서 특수한 용어들의 자기 복제적인 잠재성을 고려할 필요가 있습니다. 결정적인 것은 한 용어가 지닌 철학적 의미가 아니라 전파할 수 있는 그것의 힘입니다. 우리는 브랜드 컨설턴트나 광고업자와 경쟁하고 있습니다. 이들은 '공산주의' 같은 단어를 거부할 텐데, 이 단어가 뒤집어쓴 오명을 벗겨 내는 개념적 세탁 작업에 너무 많은 노력이 들기 때문입니다. 공산주의라는 용어를 사용할 조건이 마련되어 있지 않다는 말이 아닙니다. 하지만 제 생각에 우리는 이 용어를 위한 새로운 맥락을, 그것이 나타날 수 있는 새로운 개념적 성좌를 창출할 필요가 있습니다. 포스트자본주의라는 개념은 무거운 유산이 되어 버린 나쁜 연상들을 대동하지 않는다는 장점이 있습니다. 공산주의와는 반대로 '포스트자본주의'라는 용어는 비어 있으며, 나아가 그 내용을 채우라고 우리에게 요청합니다. 이 용어는 또한 원시주의의 유혹을 피해 갑니다. 우리는 전 자본주의적 농경 사회로의 회귀가 아니라 새로운 어떤 것, 아직 형태를 갖추지 않은 어떤 것, 자본주의가 구축하고 동시에 좌절시킨 모더니티 위에서 건설할 수 있는 어떤 것의 출현을 위해 싸우고 있습니다. 내가 이 용어를 선호하는 또 다른 까닭은 그 용어가 우리의 승리를 전제하고 있기 때문입니다. 포스트자본주의가 무엇일지 묻는 일은 우리가 승리했을 때 그것이 어떤 모습일지 생각하지 않을 수 없도록 만듭니다.

타리크 고더드

마크가 『자본주의 리얼리즘』을 집필하던 당시의 심리 상
태는 책에서 묘사한 사회 분위기와 매우 흡사했다. 마크
는 완성될 저작이 앞으로 다가올 좋은 일의 전조가 될 것
이라는 확신과 침울함과 구별하기 어려운 간헐적인 공황
상태─너무 조금밖에 못 썼고 너무 늦어지고 있다는 두려
움에서 주로 기인한─를 거듭 오갔다. 기획 단계부터 최
종 원고가 완성되기까지 이 간결한 논고는 우리가 예상
한 것보다 더 긴 여정을 걸었다. 「패션 오브 크라이스트」
를 다룬 블로그 게시물을 바탕으로 믿음에 관한 책을 써
보면 어떻겠냐고 내가 제안하고 그것을 정치 신학에 대한
작업으로 확장해 보고 싶다고 마크가 역제안하면서 시작
된 이 기획은 2년 반 뒤에야 그가 "자본주의 리얼리즘"으
로 규정한 지배적인 사회-경제 질서를 거부하는 비평서
로 출간되었다.

　　첫 책을 집필하고 발간하는 저자는 어마어마한 노력
을 투입하기 마련이다. 놀랍게도 마크는 자신이 받는 압
박감을 더는 데는 거의 관심이 없었다. 겸손한 척하기는

커녕 메시아주의적인 열의에 차 있던 그는 자신의 책이 우리의 새로운 출판사인 제로 북스 시리즈의 방향성을 정의하게 될 것이고(이 부분에서 그는 옳았다), 새로운 모험을 위해 이 책을 빨리 완성하는 것이 중요하다고 털어놓았다. "굉장한 발상"처럼 느껴지는 책을 속으로 생각하고 있었는데 이 책이 바로 그런 저서가 될 것 같다며 말이다.

기준을 높게 잡아서인지 마크는 그 높이에 약간 위축된 것처럼 보였다. 특히 이 저서가 제로 북스의 첫 책이 될 수 없다는, 또 원래 구상한 것과는 다른 책이 될 수도 있다는 사실이 점점 분명해지고 있었다. 근본적인 문제는 마크가 조금씩 수집한 소재가 원대한 이론적 서사와 충돌을 빚는다는 것, k-펑크 블로그에 올린 시론이나 견해와 비슷한 그의 메모들이 체계적인 이론 작업이 아니라는 것이었다. 출간 날짜가 다가왔다가 다시 미뤄지자 우리는 마크가 앞으로 쓸 글보다는 가지고 있는 글로 진행하는 것이 최선이라는 결정을 내렸다. 이는 문화에 관한 블로그 게시물들—그가 수정하고 다듬으려 했던—에서 개인적인 회상과 성찰을 추려 이제까지 메모한 내용과 결합하는 것을 의미했다. 이렇게 책을 구성하는 것이 제로 북스에서는 그렇게 드문 일이 아니었지만 많은 것을 약속했던 마크는 이 책이 가벼운 분량으로 나오게 되리라는 사실에 다소 멋쩍어했다. 그러면서 자신은 1,000부(당시 우리로선 꿈도 꿀 수 없었던 판매 부수)가 팔릴 가능성도 있다고 생각하며, 이 책은 아마도 두 부분 중 첫째에 해당할 테고

한층 "철학적인" 부분은 나중에 내겠다고 했다.

처음 받았을 때 원고는 아직 단편적이었고 하나의 연대기적 전체로 편집하기(혹은 그렇게 읽히도록 하기)보다는 상이한 부분들을 조립하는 식으로 최종 원고를 만들어야 했다. 이로써 이 책은 관례적인 철학 저작과 더욱 멀어졌다. 배열까지는 아니어도 나 역시 일부 소재에는 이미 친숙했고, 그래서〔주로 기존 글들에서〕형태를 바꾼 이 책에 독자들이 어떤 반응을 보일지 우리 둘 다 확신하기 어려웠다. 인정하건대 나는 마크의 일부 독자가 그다지 새롭지 않은 소재들에 약간은 시시함을 느끼지 않겠냐고 생각하기도 했다. 마크는 이 문제와 관련해 마음을 굳히는 데 분명 어려움을 겪었다. 자신의 글을 떠나보내지 못하는 일부 저자와 달리 마크는 부분들로 되돌아가 자꾸 만지삭거리거나 바꾸기를 원치 않았다. 그보나는 이 책이 처음에 바랐던 모습—우리가 살고 있는 시대를 이해하려는 시도—대로인지 아니면 꼭 필요하지도 않고 특출나지도 않은지 사이에서 동요하고 있었다.

출간까지의 과정은 예상대로 걱정으로 가득했다. 마크는 극심한 감정 기복에 시달렸는데, 그 모습은 승리에 가까워지고 있다는 초조한 흥분 상태에서 마지막 개표에 접어들어 마찬가지로 조급한 패배감에 빠져드는 정치인을 연상시켰다. 처음에 그는 이 책이 시의적절하지 못할까 봐 우려했다. 대체로 이는 그가 2008년 금융 붕괴의 '교훈'을 고려하거나 반영하지 않았고, 금융 붕괴에 대한 세계의 반응이 자신의 논지를 무효화하거나 역사적으로 철지난 것으로 만들지도 모른다고 추측했기 때문이다(세계에는 불운이었지만 그의 논지에는 다행스럽게도 그런 일은 일어나지 않았다).[1] 게다가 한 저자가 대중 문화 분석과 사회 관찰을 결합해 분위기를 진단하고 새로운 용어를 만든 첫 사례가 아니었음에도 불구하고, 마크는 자신이 사회 비평가 '자격'을 취득한 적 없는 학계와 미디어의 아웃사이더이더라고 생각했고, 또 비평가들에게 이 책이 '받아들여'질지 궁금해했다. 제로 북스의 시리즈 전체가 그랬듯 이 책도 장르 구분을 벗어나며 알맞은 분류 영역을 갖지 못할 여지가 분명 있었는데, 사실 우리 스스로도 이 책을 어떻게 분류해야 할지 알지 못했다(더 나은 방식도 있었겠지만 결국 '철학'으로 정했다).

이런 의구심들은 적어도 『자본주의 리얼리즘』과 관련해선 결국 기우로 판명되었으나 그렇다고 아주 근거 없는 것은 아니었다. 당시에 제로 북스 소유주는 처음 몇 쪽을 읽고 펄쩍 뛰었다. 이 책이 "잘 알려지지 않은" 영국 영화(「칠드런 오브 맨」)를 인용하고 있어 미국에서는 팔리지 않을 것이고 논조가 너무 "개인적"이라 대중적이지 않다

---

1 우파, 특히 트럼프와 존슨 행정부에 의해 자본주의 리얼리즘이 사그라든 것까지는 아니어도 도전에 직면하게 되었다는 주장에는 마크도 어느 정도 공감했을 것이다. 특정 시점에는 반동적인 정치 세력이 시장에 복종하는 대신 '노골적인 권력' 관계로 되돌아갈 것이라고 그가 믿었기 때문이다.

며 화를 냈다. 처음에는 구매자들의 냉담한 반응과 미디어의 완전한 무관심이 그의 이의 제기를 뒷받침하는 듯이 보였다. 이 책이 통상적인 관계자들의 사랑을 받지 못한 것이 아이러니하게도 미래의 성공을 알리는 전조였음을 그때 우리 대부분은 이해하지 못했다. 주류 언론은 (놀랍게도) 우리 책이 나오면 자주 좋은 서평을 실어 주었지만 『자본주의 리얼리즘』이 출간되었을 때만큼은 비판적인 침묵으로 답했다. 믿기지 않지만 이런 유감스러운 경향은 그가 죽을 때까지 이어졌다. 음악이나 영화와 관련된 주목할 만한 두어 개의 간행물을 제외하면 생전에 그의 어떤 책도 인쇄 매체의 서평을 받지 못했다. 또 제로 북스의 모든 책 말미에 수록된 선동적인 강령을 제외하면(아이러니하게도 BBC 2의 「레이트 리뷰」Late Review에 출연한 어느 패널이 이 강령을 내가 썼다고 오해하고는 내 소설을 악마화하는 동안 덤으로 그것을 조롱했다)[2] 그의 저서 중 어떤 것도 텔레비전이나 라디오에 소개된 적이 없다. 라디오 4에서 마크와 함께하는 펠릭스토 도보 여행을 계획했지만 타이밍이 나빴다. 그가 죽기 불과 일주일 전에 계획된 탓에 성사되지 못했고, 이로써 우리끼리의 협소한 환경 바

---

2 더한 아이러니는 「레이트 리뷰」를 마크가 즐겨 시청했으며 패널로 출연하고 싶다는 (결코 실현되지 않은) 욕망을 실제로 표출한 적도 있다는 것이다. 아마도 그는 자신이 글에서 이미 이런 종류의 '낡은' 미디어에 대한 완벽하게 실행 가능한 대안을 제시했다는 사실을 인지하지 못했을 것이다.

같에서는 자신이 잘 알려지지 않았고 인정받지도 못하고 있다는 마크의 판단을 바꿀 기회 역시 잃고 말았다.

많은 작가가 자신을 '클럽'의 일원이 아닌 아웃사이더로 여기지만, 내 생각에 마크와 그의 작업에는 그를 당대의 문화 비평가들과 반목하게 만든 진정으로 불편한 측면이 있었고(마크는 이들을 맹렬하게 공격했다), 그가 성채에 입성하지 못한 것도 이 때문일 것이다. 하지만 어디에도 소속되지 못했다는 바로 그 감각, 무시당해 왔고 앞으로도 정식으로 인정받지 못하리라는, 작업을 통해 표출한 감각(그리고 광기와 정신 건강을 둘러싼 낙인에 보인 꿋꿋한 태도)이 그와 마찬가지로 보이지 않고 존중받지 못한다고 느낀 다른 아웃사이더들을 고무했다.

『자본주의 리얼리즘』이 나오고 몇 주 동안 우리는 판매량이 기하급수적으로 늘어나 급기야는 언론의 관심(의 결여)을 추월하는 것을 지켜보았다. 출판사와 작가 모두가 가장 염원하는 현상이 벌어졌다는, 즉 입소문을 타고 책이 알려지는 진짜 성공을 거두고 있다는 신호였다. 이해하기 쉽지 않고 언론인이나 학자 들이 특별히 유의미하게 받아들이지도 않은 한 텍스트를 완전히 자발적인 것처럼 보이는 그야말로 수천 명의 독자가 알아보고 옹호해 주었다. 얼마 후 우리는 이런저런 행사를 열었는데 그런 자리마다 독자들이 청하지도 않은 피드백을 통해 의견을 들려주었다. 예상대로 그중 상당수가 연장 교육 학교에 다니는 이들을 포함해 학생이었지만, 단순히 책을 읽는 일반 대중, 달리 말해 마크가 언제나 가닿고자 했던 주류 독자층도 많다는 사실을 알게 되면서 우리는 더욱 용기를 얻었다. 나아가 그의 책이 개개인의 마음을 움직였을 뿐 아니라 거의 20년 만에 집단적으로 재정치화되고 있던 청년들에게 영감을 주고 있다는 것도 분명했다.

이 책이 계속해서 우리의 기대를 뛰어넘고 (지금까지도) 출판사의 대표작 역할을 하게 되면서 처음에 마크가 가졌던 우려는 책이 진가를 인정받았다는(그렇지만 그는 결코 오만해하거나 우쭐거리지 않았다. 이것들은 그의 성격과 거리가 있었다), '출판 현실'이 자신을 따라잡았다는 느낌으로 바뀌었다(판매량이 10,000부를 돌파했다는 소식을 접했을 때 그는 웃으며 말했다. "내친걸음이니 끝까지 해 봐야지"). 그리고 이 책의 엄청난 성공에 어느 정도 양가적인 감정을 표출하기 시작한 생애 마지막 8개월 전까지 그는 계속 이런 태도를 유지했다.

나는 이런 양가적인 감정의 표출과 자살로 이어진 그의 감정 변화가 동시에 일어난 것이 우연이라고 생각하지 않는다. 그는 점점 더 큰 소리로 어째서 이 책이 여전히 잘 팔리는지 모르겠다며 의아함을 표했다. 부분적으로 이는 자기 자신과 글에 대한 자신감 상실을 반영하는 것이었지만, 그뿐 아니라 정전이 될 만한 이론서─그가 쓰고자 고군분투하고 있었던[3]─의 디딤돌로 간주했던 책이 그 자체로 정전이 된 것에 대한 진정한 당혹스러움도 담고 있었다. 내가 기획한 '대작'은 아직 오리무중인데『자본주의 리얼리즘』 판매고는 왜 날이 갈수록 늘어나는 걸까? 마크는 이런 상황을 이해하기 위해 노력했으며, 그 과정에서 자신에 대한 의심과 점점 더 헤어날 수 없는 마비 상태를 오가는 악순환에 빠져들었다.

그의 걱정에 내가 내놓은 대답은 진부한 것이었다. 이미 책을 산 독자들은 그 안에서 계속 더 많은 것을 발견하고 있을 것이고, 또 실망 및 희망과 관련된 이 책의 기본적인 이야기는 당신이 묘사한 상황이 무너지지 않는 한 새로운 독자들에게 거의 무한히 반향을 일으킬 것이라고 말이다. 다시 그때로 돌아간다면 나는『자본주의 리얼리즘』의 분량과 '개인적인' 어조 또한 강점이라고 덧붙일 것이다. 일반적인 독자들은 마르크스와 당신 중 당신이 자신의 일상적 삶에 더욱 밀착한 이야기를 들려주고 있다고 느낄 것이라고 말이다.

마크는 내 대답에 수긍했지만 완전히 만족스러워하지는 않았다. 불안하고 집요하게 그 물음으로 되돌아가는 것을 보면 알 수 있었다. 그때쯤 그는 우리로선 알 수 없었던 사실을 깨닫고 있었을 수도 있다. 체계적으로 구축된 위대한 텍스트는 결코 쓰이지 않을 것이며 작은 책인『자본주의 리얼리즘』이 그것을 대신해 우리에게 남겨질 것임을. 마크의 가장 뛰어난 저작인지 여부와 별개로 이 책

3 시기별로『공산주의 리얼리즘』,『포스트자본주의 욕망』, 『애시드 공산주의』라는 제목으로 불렸다.

은 가장 널리 읽힌 그의 책이다. 마크의 모든 글을 읽은 이라면 이 책을 다시 읽으며 그의 말을 직접 들을 때와 비슷한 즐거움을 얻을 수도 있을 것이다. 이 책의 한 줄 한 줄은 마크의 정신―위안을 주는 허구와 불편함을 안기는 허구를 모두 꿰뚫어 본―이 실제로 작동한 눈부시고 삽화적인 방식을 반영하고 있으며, 그렇기에 그 어떤 체계적인 철학 저작보다 더 적절하게 그의 치열하고 가차 없는 정직함을 입증한다. 마크는 그 안에서 위안을 찾지 못했을지도 모르지만 다른 사람들은 여전히 발견할 수 있다. 이 아이러니를 그도 알아차렸겠지만 곱씹기를 원하지는 않았던 것 같다. 그렇게 한다면 회색 장막이 걷히고 "갑자기 다시 한번 무엇이든 가능해지는" 순간을, 자신의 유산이 발딛고 있는 독자들과의 유토피아적 협약을 지연시키게 되었을 테니 말이다.

이 책의 번역을 결정하고 얼마 지나지 않아 지은이가 오랜 우울증으로 갑작스레 스스로의 삶을 거두었다는 비보를 접했다. 마크 피셔는 시대의 변화에 유달리 예민했던 지식인이었다. 자신이 속한 사회의 구조적 모순을 짚어 내고 동시대가 어떤 역사적 눈금 위에 있는가를 물으며 그로부터 변화를 모색하던 비판적 사유와 실천 들이 하염없이 과거의 유물로 사라져 간 것처럼 보였던 시기를 그는 거슬러 살았다. 지난 몇십 년은 적어도 그 자신의 진단 속에서는 그런 시간이었다. 그의 삶과 죽음은 한 시대의 변화를 보여 주는 기록 같은 것일지도 모른다.

　상당한 독자층을 두었던 영국에서의 명성에 비해 국내에서 그의 이름이나 글은 아직 생소하다고 말해야 할 것이다. 온라인에서 드물게 소개되거나 관심을 보이는 정도를 제외하면 아직까지 공식적으로 번역된 그의 논문이나 단행본이 없으며 그의 사유가 본격적으로 소개된 적도 없다. 부분적으로는 아카데미 전통에서 한 발 벗어나 있는 지적인 삶의 이력과 글의 스타일 때문이기도 할 것이다. 사유의 깊이나 영향력과는 별개로 피셔는 아카데미에서 체계적인 방식으로 연구하고 글을 쓰는 학자와는 거리가 있었다. 고도의 이론이나 철학적 지식에 누구보다도 해박하고 그것을 명민하게 활용하는 재능이 있었지만 그는 전형적인 학자보다는 당대의 문화적 담론과 정치적 지형에 개입하는 비판적 실천가의 계보에 속하고자 했던 지식인이었다.

피셔는 세계적으로 새로운 정치적 흐름이 분출하고 포스트구조주의가 지적인 흐름을 막 주도하기 시작하던 1968년에 태어났다. 그는 68 혁명의 자장 속에서 이 시기 주역들의 지적 영향 아래 성장해 인터넷을 비롯한 기술 혁명과 신자유주의의 정치적 반동을 가장 앞서 맞이했던 세대에 속한다. 피셔는 영국 헐 대학교에서 영문학과 철학을 전공하고, 워릭 대학교 철학과에서 1999년에 『평탄선 구축물들: 고딕 유물론과 사이버네틱 이론-허구』*Flat-line Constructs: Gothic Materialism and Cybernetic Theory-Fiction*라는 제목의 논문으로 박사 학위를 받았다. 청년 시절에는 특히 포스트펑크에 심취했으며, 음악을 문학이나 영화, 정치와 교차해 읽는 음악 저널들에서 영향을 받은 것으로 알려져 있다. 대중 음악을 중심으로 자본주의의 문화적 변동을 해부하고 읽어 내는 작업은 이후로도 평생 이어진 그의 주된 관심사 중 하나였다.

피셔는 1990년대 중반 무렵부터 주로 음악의 문화적이고 정치적인 의미와 관련된 글을 발표하기 시작했으며,

90년대 후반의 대학원 시절에는 '사이버네틱 문화 연구회'Cybernetic Culture Research Unit, CCRU라는 비공식적인 간학제 연구 집단의 설립 멤버로 참여해 곧바로 두각을 드러냈다. CCRU는 당시 제도화되었던 신좌파의 유산이나 득세하던 문화 연구를 거부하는 특유의 비판 담론을 구축한 집단이다. 이들은 질 들뢰즈와 펠릭스 가타리, 프리드리히 니체 등을 독자적인 방식으로 이해하면서 진부한 자유주의적 휴머니즘에 저항하고자 했다. 특히 생산력의 발전을 가속화함으로써 자본주의를 극복할 수 있다는 이른바 가속주의accelerationism 이념을 기반으로 신상황주의, 미래주의적 상상력, 사이버네틱스, 사이버펑크, 일렉트로닉 댄스 음악과 고스 음악, 소설가 H. P. 러브크래프트 등에 심취했다고 전해진다. CCRU는 공식적인 문화와 주류 제도에 대한 거부와 저항을 체화하고 있었지만, 한편으로는 냉소적이거나 손쉬운 희화화의 길을 택하기도 했고, 나아가 일부 구성원은 신좌파에 대한 반감 속에서 대처리즘에 동조하는 정치적 성향을 보이기도 했다. 피셔는 이후 CCRU를 떠나면서 동시대 신자유주의 문화에 대한 좀 더 고전적인 마르크스주의적 비판을 견지하는 입장으로 나아갔다. 그러나 다양한 요소의 복잡한 일상적 상호 작용을 분석하는 특유의 이론적 감수성, 관습적인 아카데미의 규범을 거부하는 모종의 지적 분방함 등은 이후에도 지속된 그의 특징적인 면모라 할 수 있을 것이다.

박사 학위를 마친 뒤 피셔는 오래도록 비평 작업과 지

식 공동체 확립에 매진했지만 2000년대 후반에 가정을 꾸린 이후에도 비정기적인 강의와 프리랜서 작가로서의 글쓰기, 고정되지 않은 직장 생활 등 불안정한 형태로 생계를 이어 가야 했다. 그는 연장 교육 학교에서 학생들을 가르쳤으며, 나중에는 골드스미스 대학교의 시각 문화학과에서 초빙 교수로 일했다. 신노동당 정부의 신자유주의적 정책 아래 영국의 공공 교육이 극적으로 붕괴되는 과정의 제일선에 있었던 연장 교육 학교에서의 생활은 이후 『자본주의 리얼리즘』의 일부를 구성하는 성찰로 이어지기도 했다. 피셔는 또한 뛰어난 편집자였다. 영국의 음악 잡지 『와이어』의 직원으로 일하며 음악 관련 책을 편집하고, 에든버러 대학교 출판사에서 펴낸 사변적 실재론 시리즈 Speculative Realism Series의 기획에 참여했으며, 다시 언급하겠지만 몇몇 출판사 설립에도 적극 관여했다.

피셔가 본격적으로 명성을 얻기 시작한 것은 k-펑크라는 필명으로 활동한 블로그를 통해서였다. 2003년부터 시작해 10년이 넘는 기간 동안 그는 블로그에 넓은 의미의 문화와 관련된 수많은 주제와 쟁점에 비판적으로 개입하는 방대한 분량의 비평을 썼다. 흥미로운 영감을 불러일으킨 창의적인 글들은 지식인 동료를 끌어모았고 열렬한 지지자가 된 수많은 독자를 만들었다. 피셔를 거의 컬트적인 인사로 만든 블로그 k-펑크는 무엇보다 다른 블로거들, 수많은 지식인 비평가 및 예술가 등과 네트워크를 이루고 새로운 담론장을 형성하는 데 있어 주도적인 역할을 했다. 이 네트워크를 통해 활성화된 비평은 전례 없이 다양한 주제들로 확장되었고 또 논쟁의 중심에 서서 비판적 지식을 한층 더 공적인 것으로 만들었다. 동료이자 음악 비평가이며 그 자신도 블로그를 운영했던 사이먼 레이놀즈는 k-펑크 블로그를 두고서 "영국의 대부분 잡지보다 뛰어난 일인 잡지"며 대중 문화, 음악, 영화, 정치학과 추상적인 이론 등이 저널리스트, 철학자, 친구, 동료 등에 의해 나란히 논의되는 "블로그 성좌"의 중심 허브였다고 술회한다. 언제나 지식 공동체를 구축하는 데 전력하던 피셔는 이 시기에 알베르토 토스카노와 니나 파워, 프랑코 비포 베라르디, 조디 딘 등을 비롯한 여러 지식인과 새롭게 교류했다. 또한 블로그를 통한 지식 교류의 성공에 힘입어 작가 매슈 잉그럼과 함께 인터넷 포럼을 위한 전자 게시판 '디센서스'Dissensus를 만들어 운영하기도 했다. k-펑크 블로그는 아직 개설되어 있으며(http://k-punk. abstractdynamics.org) 여기에 게재되었던 글들은 다른 미출간 글과 함께 800여 쪽에 달하는 『k-펑크: 마크 피셔 선집 2004~2016』으로 2018년 출간되었다.

피셔는 2009년에 친구인 타리크 고더드를 도와 출판사 '제로 북스'를 설립하는 데 깊이 관여했으며, 나중에 '리피터 북스' 창립 때도 주축 멤버가 되었다. 초기의 제로 북스는 피셔의 『자본주의 리얼리즘』을 포함해 블로그 네트워크에 속한 핵심 동맹들의 일련의 에세이를 출간하며 상당한 성공을 거두었다. 특히 세계적인 금융 위기의 여파

속에 고조된 영국의 학생 시위 정국에서 읽힌『자본주의 리얼리즘』은 피셔를 동시대의 가장 중요한 이론가 대열에 속하게 해 주었다. 어떤 이는 이 시기의 제로 북스 출판사가 대처리즘의 신보수주의에서 시작해 신노동당 시절로 이어진 위축된 영국의 정치 문화에 대한 반격 대열의 선두에서 무언가의 시작을 알리며 새로운 담론 공간을 개방하고 있었다고 회고적으로 말한다.『자본주의 리얼리즘』은 이 새롭게 등장한 정치 운동과 호흡을 같이하며 젊은 세대 공중의 지지를 얻었다. 피셔의 비평 작업은 언제나 이런 정치적 공간과 맞닿아 있었다. 급진적 철학에 접근하기 어려운 청중이나 고립되고 억압된 개인이 해방적 사유의 공동체에 합류할 수 있도록 돕는 일, 새로운 공중을 창출하려는 이런 노력은 이제는 희미해진 급진적 지식인의 실천적 선통에 속할 것이다.

우리 사회에서도 그랬듯이 2010년대 들어 블로그라는 매체는 부작용을 노출하며 시들해졌다. 2013년 말 피셔는 급진 정치의 연대성을 압도하는 정체성 정치를 비판하는 한 글로 인해 많은 비난에 직면하기도 했다. 그 글은 블로그에 실린 실질적으로 의미 있는 글로서는 마지막이었으며, 이후 피셔는 책의 저술에 점점 더 몰두했다고 한다.

『자본주의 리얼리즘』을 발표한 뒤 그는 생전에 두 권의 책을 더 세상에 선보였다. 제로 북스에서 2014년에 출간한『내 삶의 유령들: 우울증, 유령론, 잃어버린 미래에 관한 글들』은 블로그에 썼던 글 일부를 선별한 것이다. 여기서 피셔는 '존재론'ontologie의 언어 유희에 해당하는 자크 데리다의 '유령론'hantologie 개념을 빌려 와 과거와 미래 그리고 현존과 부재라는 개념을 중심으로 모더니즘의 역사적 시간성이라는 문제를 성찰한다. 셋째 책인 『기이한 것과 으스스한 것』은 2016년 말 그가 세상을 떠나기 직전에 리피터 북스에서 출간되었다. 이 책에서 그는 친밀한 것에 깃든 낯선 것이라는 의미를 지닌 프로이트의 '언캐니'the uncanny, unheimlich 개념이 주체 중심적임을 지적하며 이를 외부의 관점에서 보도록 해 주는 '기이한 것'the weird과 '으스스한 것'the eerie으로 새롭게 개념화할 것을 제안한다. 이 두 단어는 '기괴한', '섬뜩한', '오싹한' 등 우리말로 비슷한 의미를 지니지만, 피셔는 기이한 것을 외부로부터 갑작스레 침입한 무엇인가의 현존에 기반하고 있는 정조로, 으스스한 것을 텅 빈 장소의 부재로부터 구성되는 어떤 분위기로 구분하고, 이 개념들을 통해 여러 음악, 소설, 영화 등을 독해한다. 그 외에 사후에는 그의 박사 학위 논문과 앞서 언급한 선집인 『k-펑크』, 이 두 권이 책으로 묶여 나왔다.

비록 완결된 형태로는 빛을 보지 못했지만 마지막 시기에 피셔는 또 다른 책을 예고하고 있었다. 『애시드 공산주의』라는 제목을 염두에 두고 준비하던 이 책은 버소 출판사에서 출간될 예정이었다. 그 미완의 「서문」(이 「서문」도 『k-펑크』에 실려 있다)에서 피셔는 자본을 직접 극복할 수 있는 방안을 찾기보다는 자본이 차단해야만 했던 과거의 해방적 잠재성들이 무엇인가라는 물음으로 선회하며, 60년대 후반 대항 문화적 정치의 어떤 조류와 이후의 전개를 역사적으로 조명하고자 한다. 그는 우리가 "모든 역사성이 상실된 사회"에 살고 있다고 한 프레드릭 제임슨의 주장을 언급하며 '향수 양식'이 지배하는 문화의 유일한 대안은 모종의 모더니즘에 대한 향수가 아니겠느냐고 반문한다. 피셔의 모든 문제 의식이 이 언저리에 있었다고 할 수 있을지도 모르겠다. 복고 혹은 향수 형태로 소비되는 과거와 진정한 역사성 속에서 이해되어야 할 과거의 차이, 새로운 소비 자본주의의 논리에 의해 파괴된 문화와 준자율적인 문화 및 예술이 창출할 수 있는 새로움의 간극을 어떻게 구성할 것인가. 그의 삶 또한 이와 유사한 아이러니로 가득했던 것 같다. 그는 한 세대 앞선 정치와 문화의 화려한 조명 아래 성장해 이후의 그늘진 시대를 가장 먼저 겪었고, 자본주의 리얼리즘이라는 암울한 진단에도 불구하고 수많은 추도문이 알려 주듯 누구보다 미래에 대한 긍정적인 시도의 끈을 놓지 않았으며, 자신을 사로잡고 있는 우울증을 끊임없이 공적인 정치적 문제로 전환하고자 노력한 우울증자였다.

이 책은 *Capitalist Realism: Is There No Alternative?*(Zer0 Books, 2009)를 우리말로 옮긴 것이다. 피셔의 대표작으로 자리 잡은 이 얇은 책은 단행본으로 나온 그의 첫 저서다. 여기서 피셔는 신노동당 집권 시기를 중심으로 영국

자본주의 사회를 지배하던 변화된 이데올로기적 환경을 '자본주의 리얼리즘'이라는 용어로 진단하고 있다. 아홉 개의 장으로 구성된 이 책은 다양한 철학 개념과 문화 영역을 폭넓게 넘나들며 자본주의 리얼리즘의 지배를 다각적으로 살핀다. 이 책의 구성을 대략적으로 나누면 다음과 같다. 처음 세 장은 자본주의 리얼리즘을 정의하고 그 핵심적인 특징이 어디에 있는가를 밝힌다. 4~6장은 오늘날의 개인화된 정신 건강 문제와 새로운 관료주의라는 쟁점을 중심으로 자본주의 리얼리즘이 지배하고 있는 구체적인 현장을 본격적으로 해부하고 있다. 이어지는 후반부는 대체로 정치와 주체화의 문제를 중심으로 자본주의 리얼리즘을 극복할 수 있는 실마리가 무엇인가를 묻는다. '부록'으로 실린 대담에서는 그와 조디 딘이 자본주의 리얼리즘의 강조점과 그에 수반되는 쟁점을 짚으며 새로운 주체성의 형성을 위한 의견을 나눈다.

'자본주의 리얼리즘'이라는 표현은 이전에도 예술이나 광고 등의 영역에서 '사회주의 리얼리즘'에 대한 일종의 패러디로 쓰인 전례가 있다. 피셔는 이 용어를 훨씬 더 포괄적인 의미로 사용한다. 특히 허위 의식으로서의 이데올로기나 의식적인 담론과 구별하기 위해 '무의식', '정동/정서', '분위기', '정신적 하부 구조' 같은 개념을 일관되게 동원하고 있는 것은 눈여겨보아야 할 대목이다. 기본적으로 자본주의 리얼리즘은 현재 주어진 자본주의 체제를 절대적인 것으로 간주하는 이데올로기적인 태도를 가리킨다. 피셔는 "자본주의가 유일하게 존립 가능한 정치, 경제 체계일 뿐 아니라 이제는 그에 대한 일관된 대안을 상상하는 것조차 불가능하다는 널리 퍼져 있는 감각"이라는 정의를 제시한다. 이는 '다른 대안은 없다'는 주문을 외던 80년대의 대처리즘과 공명하며, 동구권 사회주의의 붕괴 이후 프랜시스 후쿠야마에 의해 선언된 '역사의 종언'을 반향한다. 피셔는 프레드릭 제임슨과 슬라보예 지젝이 즐겨 인용하는 '자본주의의 종말을 상상하는 것보다 세계의 종말을 상상하는 것이 더 쉽다'는 표현이 자본주의 리얼리즘의 의미를 잘 포착하고 있다고 말한다. 그의 핵심 논점 중 하나는 이제 자본주의가 자신이 가장 훌륭한 체계라는 이데올로기적 주장으로 사람들을 설득할 필요가 없어졌다는 것이다. 자본주의 리얼리즘은 그저 자본주의를 유일하게 가능한 현실로 제시할 뿐이다. 자본의 착취와 억압을 은폐하기 위해 노력하기는커녕 그 야만성과 무자비함을 노골적인 위협으로 바꾸어 버린 이 세계에서는 오직 생존만이 문제가 되고 어떤 희망도 위험한 환영으로 간주된다. 위기가 일상화되고 살아남아야 한다는 압박이 강해질수록 자본주의가 절대적인 지평이 되는 악순환이 되풀이되는 것이다. 이런 자본주의 리얼리즘의 세계에서는 사회적 상상력이 근본적으로 쇠퇴하고, 더 이상 새로운 미래는 없을 것이라는 불안한 확신이 지배적인 분위기가 된다. 미래에 대한 희망이 고갈됨에 따라 동시에 과거의 모든 역사 또한 단순한 소비 상품이나 심미적 대상으로 전환된다.

피셔는 이런 자본주의 리얼리즘의 역사화를 시도하며 이를 '신자유주의'나 제임슨이 후기 자본주의의 문화 논리로 명명했던 '포스트모더니즘'과 비슷한 시기에 확립된 것으로 이해한다. 그러나 그는 자신의 용어가 저 범주들과 유사하면서도 다른 결을 담고 있다고 말한다. 피셔에 의하면 제임슨이 자신의 테제를 발전시켰던 1980년대에는 계급 적대가 아직 가시적으로 남아 있었다. 또한 명목상으로나마 자본주의에 대한 정치적 대안들이 있었으며 포스트모더니즘은 모더니즘과의 일정한 관계를 내포하고 있었다. 그러나 자본주의 리얼리즘이 정점에 이른 세계에서 이런 공간적, 시간적 외부는 대부분 억압되어 시야에서 거의 사라졌다. 자본주의 리얼리즘은 자본주의가 유토피아적 꿈을 완전히 식민화하고 현재라는 시간성만이 오롯이 남은 사회의 아포리아라 해도 좋을 것이다. 한편 피셔는 금융 위기 이후 신자유주의적 전제들이 쇠퇴했다고 할 수는 없지만 적어도 당연한 것으로 간주되지는 않으며 명시적으로 자신을 변호해야 할 만큼 수세에 몰렸다고 진단한다. 이에 덧붙여 신자유주의는 필연적으로 자본주의 리얼리즘적이어야 했지만 자본주의 리얼리즘이 신자유주의적일 필요는 없음을 피력한다.

이 책의 진면목은 이런 자본주의 리얼리즘이 구체적으로 문화와 정신을 어떻게 잠식하고 있는지 보여 주는 자리에서 드러난다. 피셔가 주목하는 영역은 정신 건강과 새로운 관료주의라는 쟁점이다. 이에 대한 분석은 자본주의 리얼리즘의 비일관성을 드러내고 논쟁적으로 구성하는 비판 작업이기도 하다. 피셔는 오늘날 광범위하게 퍼진 정신 질환 문제가 자본주의 리얼리즘의 지배하에 철저하게 개인화되고 또 자연화되어 있다고 주장한다. 그는 영국 청년들의 우울증을 비롯한 여러 병리 현상에 내재한 '반성적 무기력' 상태를 끌어내 보이며, 이를 훈육 사회에 뒤이은 '통제 사회'와 소비 자본주의의 새로운 문화적 징후로 포착한다. 또한 노동의 포스트포드주의적 재조직화에 따른 새로운 정서적 체계가 어떻게 영구적인 불안정성 및 전례 없는 정신적 장애를 초래했는가를 밝히고 이를 재정치화할 길을 모색한다. 이런 정신 건강 문제는 신자유주의의 도래와 더불어 한물간 것으로 간주되는 관료주의와도 일정한 연관이 있다. 피셔는 일터나 교육을 비롯한 공적 제도의 일상에서 새롭게 증가한 관료주의적 행정 및 규제의 사례들과 그 효과를 분석한다. 여기서 그는 외양과 홍보가 실질적인 가치를 대체한 상황을 묘사하며, 이를 자본주의의 '진정한 정신'에서 일탈한 것이 아니라 이미지들이 자율적 힘을 획득하는 후기 자본주의 문화에 고유한 '시장 스탈린주의'로 파악한다. 그는 프란츠 카프카, 지젝, 장 보드리야르 등의 논의를 빌려 끝없는 미로 같은 새로운 관료주의의 비밀이 궁극적인 결정 기관이 없는 자본주의의 전체주의적 특성에 기반하고 있음을 밝힌다. 같은 맥락에서 무한히 가변적이고 대체 가능한 것이 되어 버린 현실과 정체성이라는 문제를 지그문트 프로이트의 '꿈 작업' 개념으로 살피고, 그 이면에 놓인 문화적 기억 장애라는 병리 현상을 짚어 낸다. 전자가 자본주의 리얼리즘이 매끄럽게 작동하도록 해 주는 메커니즘이라면, 후자는 그것의 결함에 대한 유비라 할 수 있다.

자본주의 리얼리즘의 이 모든 측면은 탈정치화 경향과 병행한다. 자본주의 리얼리즘에서 반자본주의적 몸짓은 이미 지배적인 스타일로 자리하고 있다. 새로운 기술과 결합한 소비주의의 끊임없는 자극 및 이와 연관된 중독 상태는 진정한 단절을 도모할 수 있는 모종의 침잠이나 반성을 위한 여지를 주지 않는다. 또한 개인의 윤리적 책임에 대한 강조 속에서 구조적 차원은 비가시화되며, 감정을 우선시하는 쾌락주의적 모델의 지배는 유아적인 순응의 문화를 양산한다. 이런 탈정치화 경향은 자본주의 리얼리즘의 효과지만, 역으로 보면 자본주의 리얼리즘 이야말로 지금 우리가 정치적 반격을 시작해야 하는 핵심 장소임을 확인해 준다고 할 수 있을 것이다.

이 책에서 피셔는 빠른 템포로 다양한 내용을 펼쳐 보이면서도 자본주의 리얼리즘의 의미를 엄밀하게 정의하지는 않고 있다. 일부 학자가 지적하는 것처럼 이 책은 체계적이고 일목요연한 철학적 논의나 정치적 분석과는 거리가 있다. 자본주의 리얼리즘이라는 표현도 엄밀한 의미의 개념이 아니라 명목상의 이름처럼 보이기도 한다. 그것을 그저 이데올로기가 현상하는 일반적인 방식일 뿐이라고 주장할 수도 있을 것이다. 이런 점들은 '자본주의 리얼리즘'을 새로운 자본주의의 문화 논리를 요약해 주는 용어로 성급하게 일반화하는 대신 이에 대해 더 논의할 필요가 있음을 알려 준다. 하지만 이런 이해는 어느 추모 글이 밝히고 있듯이 핵심을 놓치고 있을지도 모른다. 그 핵심이란 『자본주의 리얼리즘』이 학자 본연의 태도로 의도된 책이라기보다는 고전적인 팸플릿 혹은 위대한 정치 에세이의 전통에 더 가깝다는 것이다. 앞서도 언급했지만 피셔는 2008년의 금융 위기 이후에 등장한 대중들의 정치 의식에 직접 개입하려는 의도로 이 책을 집필했다. 그의 책은 영국 정치를 오랜 잠에서 깨우려는 정치적 담론 공간 안에 있었고, 그의 관심사는 새로운 개념을 상세하게 설명하는 것이 아니라 독자들의 정치적 성향과 인지적 관점을 직접 변화시키는 데 있었다. 알랭 바디우가 말하듯 오늘날 우리가 '세계 없는 세계'에 살고 있다면, 어떤 점에서 이 책이 지닌 힘은 이런 세계에 다시 손에 잡힐 듯한 형체를 성공적으로 부여했다는 데 있다고 말할 수도 있을 것이다. 독창적인 스타일의 글쓰기를 통해 피셔는 누구보다도 강렬한 방식으로 우리가 지금 어떤 세계에 살고 있는가를 보여 준다. 이 책을 새로운 문화적 징후들을 과감하게 해석하는 사유 실험으로 읽어도 좋을 것이다. 나아가 이 책에서 밝히는 새로운 집단적인 심리 구조, 전통적인 좌파 정치의 쇠퇴와 더불어 나타난 문화적 변화 등은 일차적으로는 영국 사회의 분석에 기반을 두고 있지만 우리 사회로 가져와 다시 읽기에 조금도 모자람이 없을 것이다.

현재 주어진 사회경제적 체계를 가능성의 절대 지평으로 간주하는 태도가 자본주의 리얼리즘의 핵심이라면 여기서 realism은 일상적 용법에서 뜻하는 '현실주의'에 가장 가깝다고 볼 수 있다. 그러나 때로 이 용어는 무매개적으로 제시되는 현실을 가리키는 '사실'이나 '사실주의' 등의 함의를 내포하기도 한다. 피셔가 소설이나 영화 등에 재현된 세계를 설명하거나 다른 맥락에서 연관 단어들을 활용하는 방식, 또는 이 책의 출간 이후 이 용어를 둘러싼 논의의 확장까지 염두에 둔다면 realism을 어느 하나의 뜻으로 제한하기는 어려워 보인다. 가령 이 한국어판에 수록된 대담을 싣고 있는 편집서인 『자본주의 리얼리즘 읽기』*Reading Capitalist Realism*에서는 capitalist realism을 새로운 미학적 범주로, 특히 문학적 재현의 한 양식을 가리키던 '사회주의 리얼리즘'을 대체하는 범주로 활용할 것을 제안하고 있다. 본 번역서에서는 다층적인 함의를 담을 수 있도록 realism을 발음대로 표기한 '리얼리즘'으로 옮겼고, 그와 연관된 real, reality, realistic 같은 단어는 가급적 맥락에 맞춰 '리얼', '실재', '현실', '사실성', '현실주의적' 등으로 번역했다.

이 책의 번역을 권하고 독려해 준 서동진 선생님께 고마

움을 전하고 싶다. 스승이자 선배, 친구로 가까이 지낸 지가 오래되었다. 드문 행운이다. 긴 인내를 보여 주고 꼼꼼한 교열에 더해 숱한 의견을 함께 나누어 준 리시올 출판사에도 깊이 감사드린다.

자본주의 리얼리즘: 대안은 없는가

1판 1쇄 2018년 11월 30일 펴냄
2판 2쇄 2024년 4월 15일 펴냄

지은이 마크 피셔. 옮긴이 박진철.
펴낸곳 리시올. 펴낸이 김효진. 제작 상지사.

리시올. 출판등록 2016년 10월 4일 제2016-000050호.
주소 경기도 고양시 화신로 298, 802-1401.
전화 02-6085-1604. 팩스 02-6455-1604.
이메일 luciole.book@gmail.com. 블로그 playtime.blog.

ISBN 979-11-90292-23-8 03300